破たんする？　まだいける？

ニッポンの財政

元財務官僚が本当のこと
わかりやすく教えます

【監修・解説】
元財務官僚・明治大学大学院教授
田中秀明

standards

はじめに

田中先生、こんにちは！　兼本希美と申します。

こんにちは。明治大学公共政策大学院教授で、財政やガバナンスについて研究している、田中秀明です。

今日は日本の財源についてお伺いしたいと思います！

よろしくお願いします。いきなりですが、兼本さんは、日本の財政についてどのような印象がありますか？

私には難しい話という印象があります。税金については中学や高校の授業で習いましたが、それ以上のことは正直よくわかっていません……。

たしかに、財政について学ぶ機会は少ないですよね。

ただ、普段ニュースを見ていると、消費税や給付金など、生活に関わる話題が多いので関心はあります！　また、「国の借金」にまつわるニュースを見ると、将来どんな形で私たちの生活に影響するのかが気になって……。

そうですね。兼本さんのように、国とお金のことが不安だけれども、よくわからないという人は多いと思います。

そうなんです！　日本は破綻してしまうのか、税金はこれからも上がるのか、年金はもらえるのか……。心配なことはたくさんあるし、ニュースでもいろいろと取り上げられていますけど、わからないことばかりなんです。

さまざまな情報や意見が飛び交うなかで混乱しないためにも、基本的なしくみから一緒に見ていきましょう。

PART 1

財政の基本
——国はどれだけ集めてどこに使っている？

PART 2

収入の疑問

──税の徴収は本当に公平？

収入の疑問 **国の収入について知ろう！** 60

PART 3

支出の疑問

――財布の紐は誰が握っているの？

PART 4 ▼ 借金の疑問 ――赤字で大丈夫なの？

EXTRA EDITION

地方の財政

――自治体間の格差はなくしたほうがいい?

キャラクター紹介

明治大学公共政策大学院教授

田中秀明

1983年東京工業大学工学部卒。1985年に同大学院修了、大蔵省(現財務省)入省。2012年より現職。経済協力開発機構(OECD)、国際通貨基金(IMF)などのプロジェクトに参加した実務経験を活かし、現在も財政やガバナンスをテーマとした研究を行っている。財政について知りたいという会社員の兼本さんに、日本の財政について解説することになった。

30代会社員

兼本希美

心配性で、不安なことがあればすぐに気になって調べてしまう。最近はニュースで年金問題や増税の話を聞き、日本の財政や将来の生活に不安を感じている。財政について知りたいことはたくさんあるけど、高校の授業で習った政治経済はうろ覚えで、今から勉強し直すのも難しそうと思っていたのだが……。

掲載している情報は、原則、2021年7月現在の情報を元に制作しております。各統計データなどは2021年7月時点で入手可能な最新版を元に作成しております。

PART

1

財政の基本

——国はどれだけ集めてどこに使っている？

今の国家予算の規模はいくらか、国の収入は何で、誰がいつ予算を決めているのかなど、財政の基本を解説します。さらに、「国債は本当に借金といえるのか」という、国債の性質についても考えます。

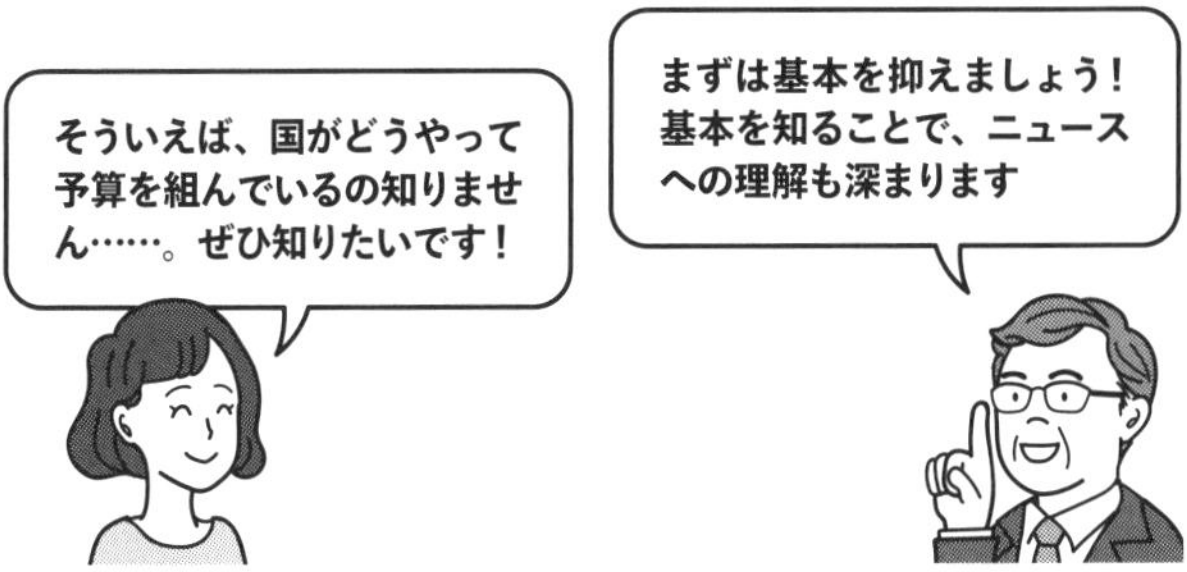
そういえば、国がどうやって予算を組んでいるの知りません……。ぜひ知りたいです！
まずは基本を抑えましょう！基本を知ることで、ニュースへの理解も深まります

財政の基本

01

しくみ

国の歳入の半分は借金 そのカラクリとは？

国家予算は「計画表」のこと

さっそくですが、日本国の財政についていろいろ学んでいきましょう。大きな出来事があると、国が何百億円とお金を使っていますよね。国家の予算ですが、普通に生活していると国家予算について詳しく知る機会はありません。

私もそう思います。正直、「国家予算」が何を表しているのかもあまりわかっていません……。「国が持っているお金」、という意味でしょうか。

簡単に説明すると、「国家予算」とは、国のお金に関する計画のことです。4月から1年間の予算が編成され、その予算のなかで行政が仕事を行います。日常生活で「予算」というと、「旅行でいくらまでは使える」など、出費の上限というイメージがありますよね。しかし、**「国家予算」は税金などでお金を集めて、何にいくら使うのかという入出金まで含めた計画書のことを指します**。いくら集めるか、つまり国の「収入」のことを「歳入」、いくら使うかを「歳出」といい、これらは新年度が始まる前に国会で承認されなければなりません。

なるほど。私たちが納めた税金などの収入が「歳入」、どうやってそのお金を使うかが「歳出」、こうした国のお金の計画が「国家予算」なのですね。

歳入の約半分は「借金」

ただし、歳入は税金だけではありません。社会保険料や、いわゆる「国の借金」である国債も収入として予算に含まれています。国は、年金や医療費といった社会保障、インフラなどの公共事業、文化・教育・科学への支援、国の防衛……などと、多くの

事業にお金をかけています。そうした事業を行うために、税金では足りない部分を国債で補うのです。

国の借金……。ちなみに、２０２１年度ではどれくらいの国債を発行するのですか？

２０２１年度の歳入総額約２９６兆円※のうち、国債は約１３５兆円。つまり、**国の収入のうち約45・6％を国債で賄うこととされています。**

１年間に１３５兆円!?　さまざまな事業を行うために、それだけ借金をしなければならないのですか……。

事業のためにお金を借りるという点では、企業が融資を受けることと似ていますね。企業は新しい事業を開始するために、しばしば銀行から融資、つまり借金をします。将来の収益を高めるため、企業が融資を受けるのはごく一般的です。

たしかに、誰でも知っている大企業でも、銀行からお金を借りていると聞いたことが

※純計（一般会計と特別会計を合わせ、重複や借り換えなどを差し引いた数字）での金額。純計については22ページ参照

あります。

ただし、**いくらまで借りるのか、またそのお金が有効に使われるかが問題になります。**借りたお金は返さなければなりませんし、返済を負担するのは国民です。

国債は「負担を将来に先送り」しているだけ

私が直接お金を借りているわけではないので、「国の借金を国民が負担する」といわれても、正直ピンとこないです……。国民にはどんな負担があるんですか？

政府は、借りたお金を返すために、将来増税などを行って収入を増やす必要があります。ただし、国債の将来負担については、学者たちが異なる意見を展開してきました。海外から借りなければ負担はないという主張もあります。意見は分かれますが、増税などで将来利用可能な資源が減少すれば「負担」は生じます。タダのランチなどないはずです。

タダのランチ タダ飯の意味。経済学では、価値のあるもすべてに費用がかかることから、これを「ノーフリーランチ」「タダ飯はない」という言葉で表すことがある

日本の借金はどこから出て、どこから返す？

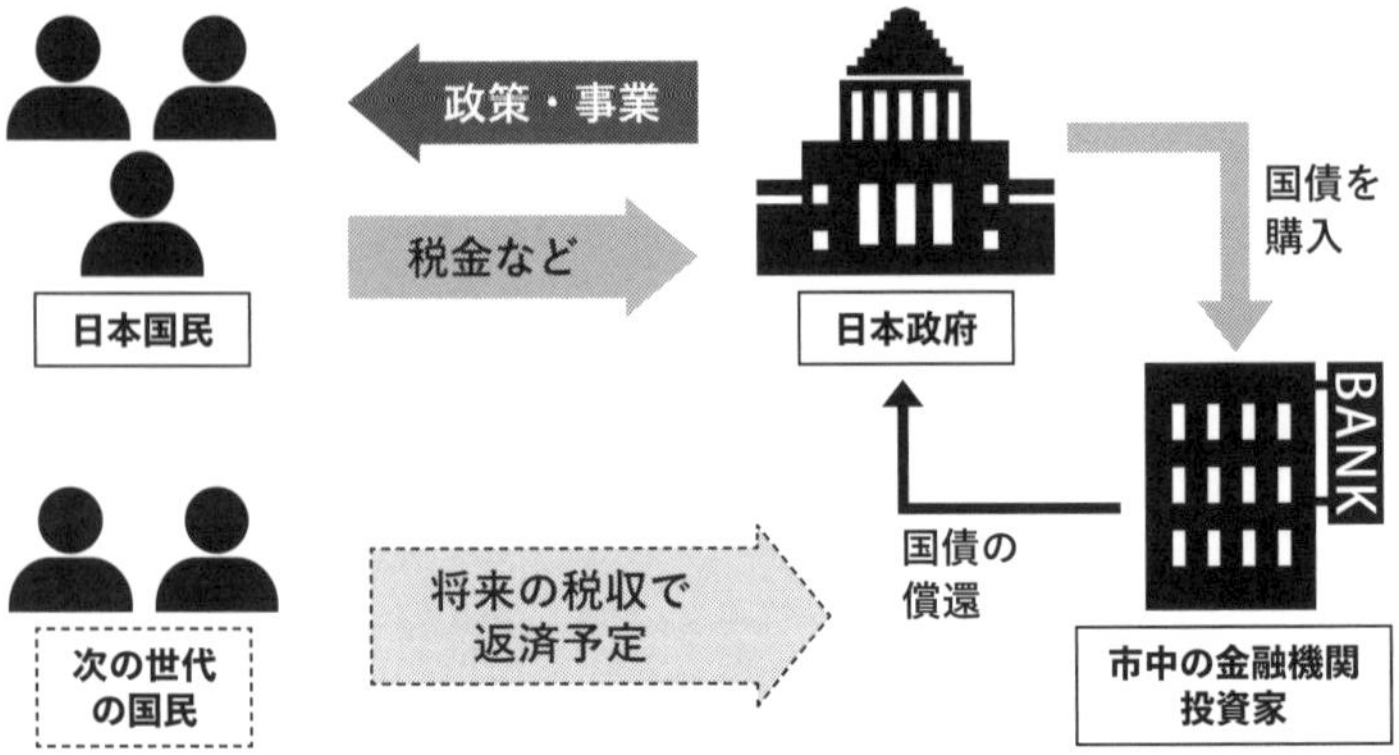

いまお金を借りられるのは将来の税で返済できるから、ということですね。ちなみに、国債を発行してお金を借りているということは、日本にお金を貸している人がいるということですよね。誰が国に貸しているんですか？

日本の場合は、市中の金融機関（民間の金融機関）や個人投資家が買っています。といっても、もとは国民の預金です（200ページ参照）。お金を貸してくれるのは、「お金が必ず返ってくる」と、日本への信頼がもとになっています。

日本の国債は信頼されているから、今お金を借りられるんですね。

そうですね。普通に暮らしていればこうした国債のしくみにはピンときづらいです。たとえば、「今すぐ増税します」といわれると反対したくなりますが、**「国債を発行します」といわれると、いつ、どのような形で負担するのかが曖昧になります。**

たしかに、私自身も「国債＝将来の負担」とは知りませんでした。

今は、過去に発行した国債を税金で返済しているわけではなく、新たに国債を発行して借り換えている状況です。しかし、無限に国債を発行できるわけではありません。「日本国はお金が返せなくなりそうだから、もうお金を貸したくない」と思われてしまうと、そのときは歳出を賄うことができなくなり、財政が破綻するかもしれません。

財政のポイント

負担を将来に先送りして財源を確保している

財政の基本

02

しくみ

日本国の年間の予算は296兆円！

一般会計と特別会計に分けて管理している

「国の収入」のうち、45・6%が国債で賄われていることがわかりました。ちなみに、国の収入がいくらかも一緒に伝えましたが、いくらか覚えていますか？

いくらでしたっけ……？　たしか、200兆～300兆円くらいだったような。

そうですね。2021年度の歳入は、合計で約296兆円です。細かい数字には違いがありますが、歳出も約296兆円あります。

改めて聞くと金額が大きすぎてクラクラしてきますね……。政府はどうやって、こんな途方もない金額を管理しているんでしょうか。

国の予算には「一般会計」と「特別会計」という2つの種類があります。一般会計は、おおむね国の基本的な事業についての予算です。福祉や教育や国防など、国民全般に関わるような事業が含まれます。それとは別に、特定の財源を管理するなどのために、特別会計といわれる独立した会計が設けられます。たとえば、復興特別税などを使って復興を支援する東日本大震災復興特別計があります。

「基本的な事業」の予算と、「特定の事業」の予算の2種類があるんですね。特別会計には、いくつか種類があるのでしょうか？

そうですね。**一般会計はひとつですが、特別会計は事業ごとに別々の会計が設置されます。**2021年度では13の特別会計があります。東日本大震災復興特別会計以外にも、厚生労働省が所管する労働保険特別会計、財務省が担当する地震再保険特別会計などがあります。

うーん……。何だかたくさん種類があって複雑そうですね。予算をひとつにまとめたほうがわかりやすそうなのに、どうして分けるんでしょうか？

国の会計全体を見渡すなら、単一の会計だけで予算をつくることが望ましいでしょう。しかし、**復興特別税や社会保険料など特定の財源がある場合は、その範囲内で事業を行うため、別勘定として管理するほうがわかりやすいのです**※。

復興のために集めたお金を管理するには、復興事業だけの会計をつくったほうがわかりやすい、ということですね。

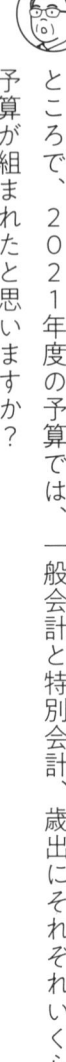

「純計」を見ると予算の実質的な規模がわかる

ところで、２０２１年度の予算では、一般会計と特別会計、歳出にそれぞれいくらの予算が組まれたと思いますか？

えっと……。歳出が２９６兆円でしたよね。一般会計が基本的な予算だから、

※ただし、特定財源では足りない場合には一般会計からの繰り入れで補てんすることがある

200兆円くらい……。残りの96兆円が特別会計ですか？

普通はそう考えますよね。しかし、実際はまったく違います。2021年度の予算では、**一般会計の歳出総額が約107兆円、特別会計の歳出総額は約494兆円です。**

2つを合計すると601兆円……。296兆円をオーバーしてしまいますよ！

その通りです。296兆円と601兆円で金額はまったく違いますが、どちらも間違いではありません。その理由は、一般会計から特別会計にお金を繰り入れたり、国債の借り換えを行っているからです。

繰り入れ……？　借り換え……？　どういうことでしょうか。

一般会計に計上された歳出のうち、一部のお金は特別会計を支援するために、特別会計の歳入に計上されます※。つまり、**一般会計と特別会計の間にはお金のやりとりがあり、一部重複しています**。また、国債を償還するためのお金を捻出するために「借

※逆の資金の動きもある

換債」という国債が発行されることがあります。借換債を発行するとその分歳入が増えますが、それはすぐに過去の国債の返済に使われます。同じ金額が歳入と歳出に計上されて、見かけ上の金額が膨らみます。

予算には総計と純計の2種類ある

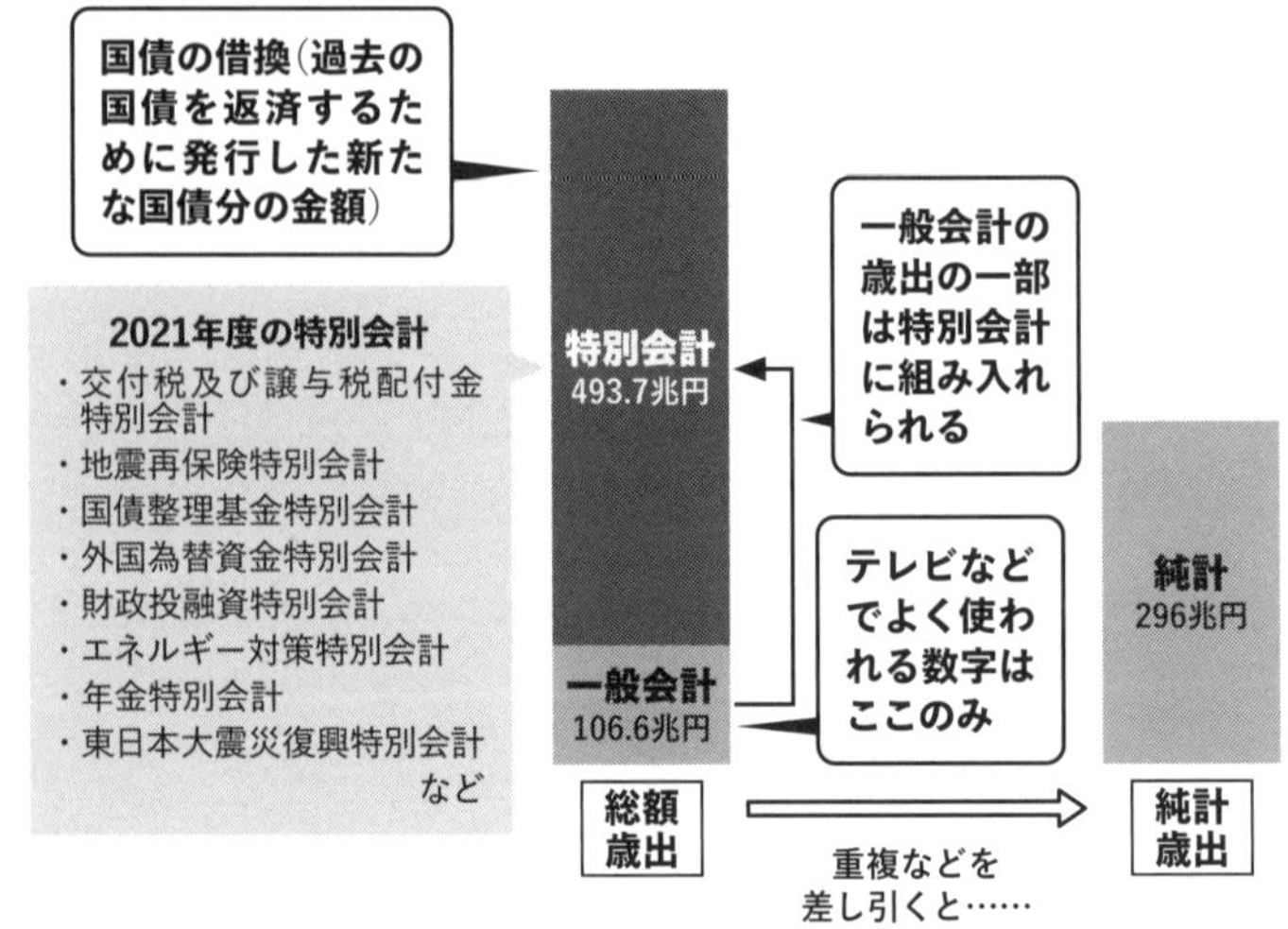

借金を返済するための借金があるんですね！

一般会計と特別会計の歳入・歳出を単純に合計した金額を「総額」といいます。２０２１年度の予算でいうと、約６０１兆円が総額です。

では、２９６兆円という金額は、重複分や借換債を差し引いた金額ですか？

その通りです。つまり、重複がない、実質的な規模を表すのが「純計」です。

そうだったんですね。ちなみに、テレビや雑誌で予算額や国債の発行額が報道されることがありますが、あれも純計で数字が出ているんですか？

多くは一般会計だけの数字を使って説明しています。特別会計は数が多く、複雑だからです。ただし、なかには一般会計と特別会計、純計と総計の説明を省いたり、誤認して説明する人もいます。**「純計」を見るのが国家予算の規模を正しく知るポイントと覚えておきましょう。**

財政のポイント

純計ベースで予算を見ると実質的な規模がわかる

財政の基本

03

しくみ

国は「国債」「税金」以外にも収入がある

社会保険料の収入は約4分の1

２９６兆円が２つの会計に分けて使われているわけですが、これだけ巨大な金額がどのように集められているのか、気になりませんか？

気になります！　こんなたくさんのお金、想像もつきません。

14ページで「予算のうち国債が45・６％を占める」と話しましたが、これは純計をもとにした割合です。純計を見たほうが、実施的な金額の規模がわかるためです。ほか

純計で見る歳入の内訳

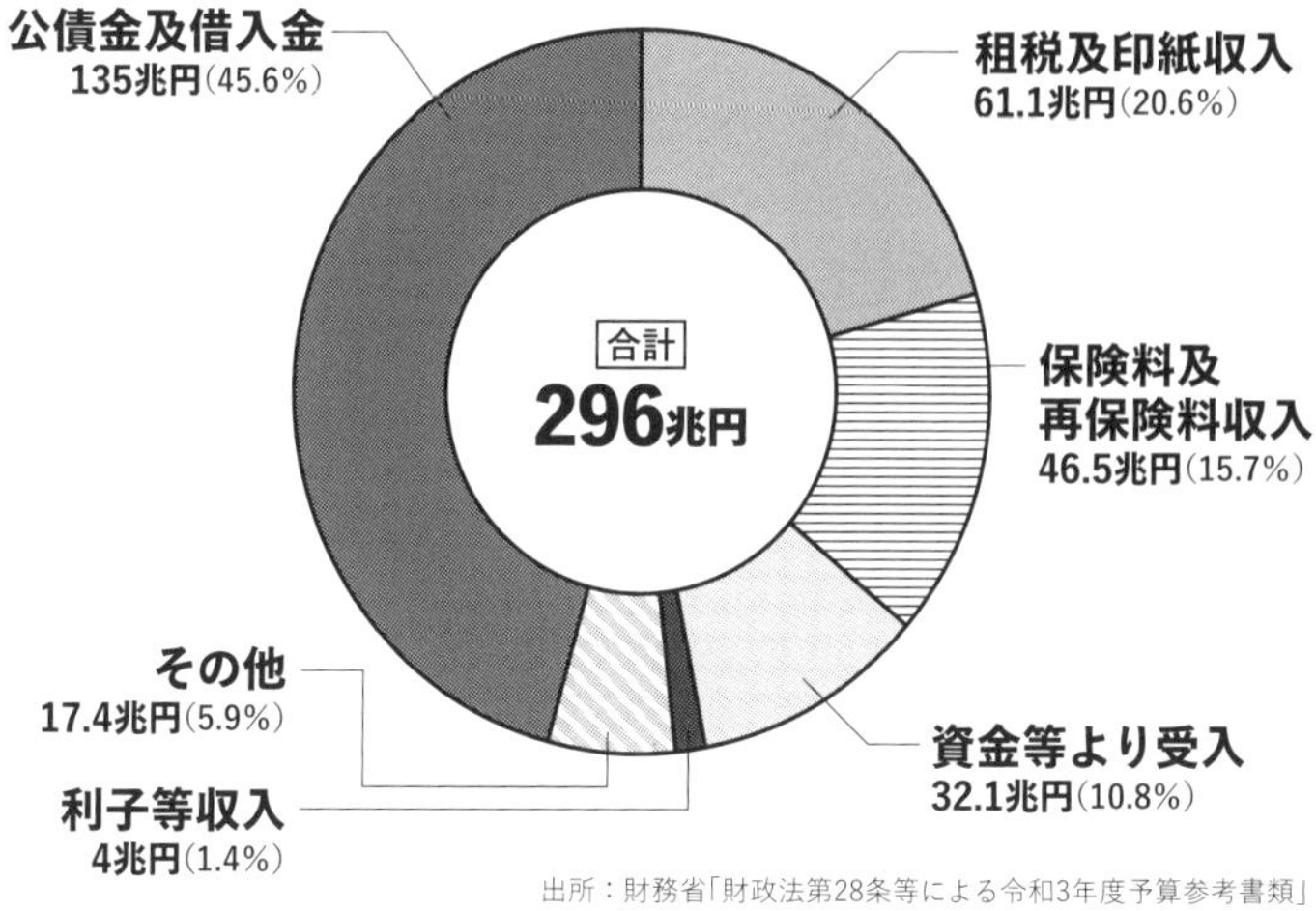

出所：財務省「財政法第28条等による令和3年度予算参考書類」

のお金も実質的な規模がわかるように、純計をもとに歳入の内訳を示したグラフをつくりました。

一番割合が大きいのが「公債金及借入金」。なんだか難しい言葉が使われていますが、国債と考えていいんでしょうか？

はい、この項目は国債のことです。**次いで多いのが、約20・6%を占める「租税及印紙収入」、つまり税収です**※。この金額は約61兆円です。

税収はもっとあると思っていました！　私の感覚では、毎月控除され

※地方税は含まれない。ちなみに、2021年度予算では道府県民税と市町村住民税などの地方税の合計（個人・法人）は15.3兆円。そのほかの地方税、地方譲与税を含めると40.1兆円

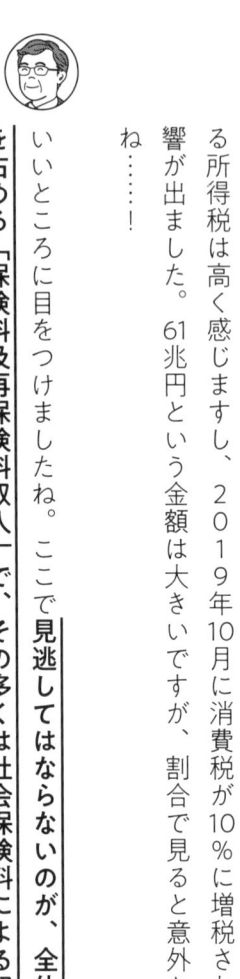

る所得税は高く感じますし、２０１９年10月に消費税が10％に増税されて家計にも影響が出ました。61兆円という金額は大きいですが、割合で見ると意外と少ないんですね……！

いいところに目をつけましたね。ここで**見逃してはならないのが、全体の約15・7％を占める「保険料及再保険料収入」で、その多くは社会保険料による収入です**。社会保険というと、健康保険や介護保険、厚生年金保険などのことですね。会社勤めの人であれば、給与から天引きされています。

たしかに社会保険料も意外と大きいですね。今月もたくさん天引きされました……。

この社会保険料も国の大きな収入になっており、国債、税金、社会保険料の３つを足すと歳入の約81・９％を占めます。年金などの社会保険料は、過去数十年にわたり継続的に引き上げられてきました。たとえば、２０２０年９月からは月収が63・５万円以上の高所得者を対象に、厚生年金保険料の負担額が２７４５円増えています。

なるほど……。では、この3つが「国の収入」の3本柱ということですね。

ほかにも納付金などの収入がある

それ以外の収入には、特別会計などが運用する資金からの収入である「資金等より受入」や、国が保有する国債の利子収入である「利子等収入」などがあります。

「その他」という項目もありましたが、ここにはどういう収入が含まれていますか？

その他には、日本銀行などからの「納付金」、国有財産を売った際の「国有財産処分収入」、新宿御苑の入苑料といった「国有財産利用収入」などが含まれます。

財政のポイント

国の収入は「国債」「税金」「社会保険料」の3本柱

資金　特別会計などに設置された、特定の事業のためのお金。また一般会計にも、歳入歳出の決算上の不足が生じたときに、不足額を補てんするための資金がある

財政の基本

04

しくみ

予算は誰によって どのように決められる？

予算は国会で承認されて成立する

296兆円もの金額を集めたら、次はそのお金を誰に渡すのか、どのように使うのかを考える必要があります。

不満が出ないように振り分けると考えると、胃が痛くなりそう……。国はどうやってお金を振り分けているのでしょうか。

行政機関はたくさんあります。厚生労働省や法務省、文部科学省などの省庁・府庁で

予算編成のスケジュール

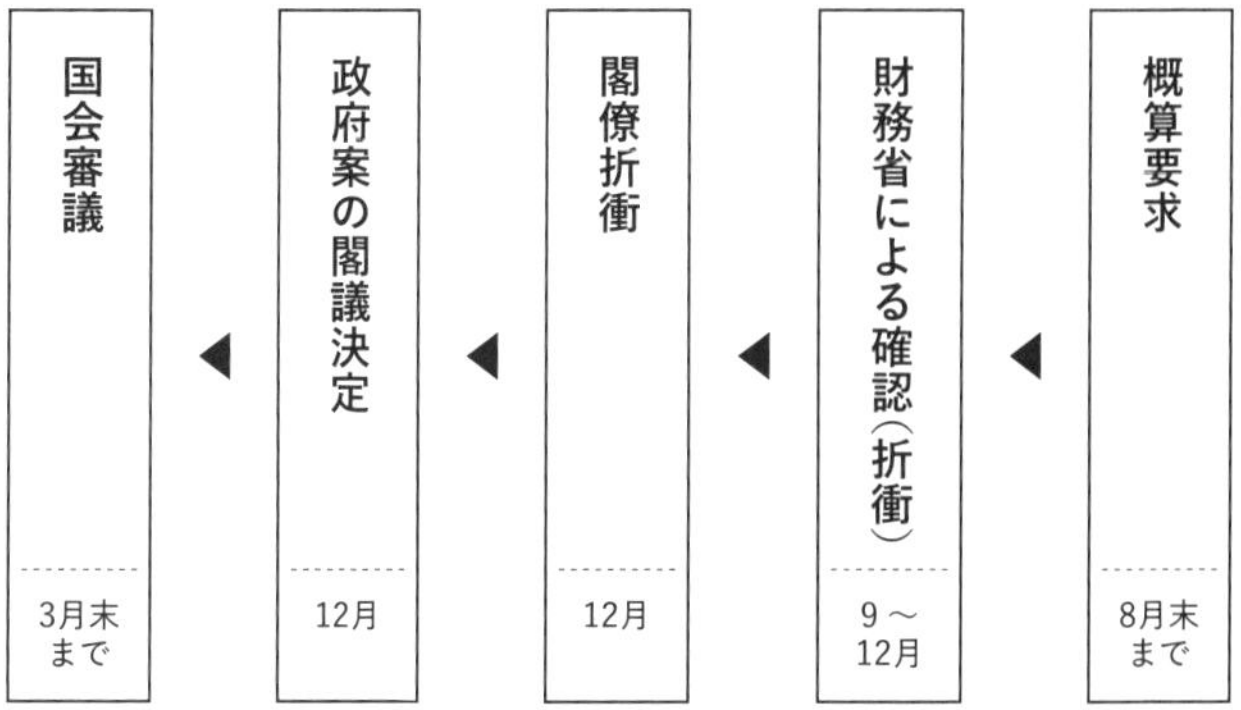

予算編成は、最後に国会での承認が必要です

すね。予算編成は、**こうした行政機関が「来年度1年間でどれくらいのお金が必要か」の見積もりを財務省に提出することから始まります。これを「概算要求」といいます。**

予算をつくるために、まずはいくら必要かを把握するんですね。

はい。この概算要求は、毎年7月ごろから始まり、8月末に締め切られます。概算要求を受け取った財務省は、各省庁からの要求について担当者にヒアリングを行い、本当にその予算が必要かを見極めます。これは「折衝」と呼ばれ、12月半ばごろま

で続きます。折衝の終盤には、事務レベルでは調整がつかない予算要求案件について、財務大臣と各省大臣（閣僚）が交渉する「閣僚折衝」が行われ、その後、12月中旬に政府案として予算案がまとめられます。これを政府が12月下旬に閣議決定します。

予算編成が始まってから、すでに半年も経過していますね！

予算案が決定（閣議決定）されると、年明けの通常国会で予算についての審議が行われます。**日本国憲法に、政府がお金を使うためには国会の承認が必要であることが定められています**。国会での審議は3月末まで行われ、年度末に予算が成立します。

7月から始まって翌年の3月に終わる……ということは9カ月間もかかるんですね！

限られた財源を配分するための調整や民主的な手続きを行うため、時間がかかります。こうして決まった予算は「当初予算」と呼ばれ、基本的には1年間この予算内で事業が行われます。

閣議　内閣が開く会議。また、閣議決定とは、政府としての意思決定を示すものであり、内閣のメンバーである総理大臣をはじめ全大臣が合意すること

予算が足りなければ「補正予算」組まれる

ただし、年度途中で予算が不足することもあります。たとえば、**2020年度は新型コロナウイルス感染症の対策を講じるため、「補正予算」が組まれました。**

たしかに、緊急事態が起きたのに「お金がないので……」といってられませんね。

はい。ただし、いきなり税収を増やせるわけではないので、補正予算はしばしば国債で賄われています。2020年度には合計3回の補正予算が組まれた結果、国債発行額は、当初予算の33兆円から80兆円追加され、最終的に113兆円まで増加しました。

財政のポイント

見積もりをもとに予算案がつくられ国会で審議されて成立する

財政の基本

05

しくみ

もはや〝特別〟ではない？ 一般会計の4倍に及ぶ特別会計

特別会計の財源は主に「特定財源」

予算の内容をもう少し具体的に見るために、今回は純計ではなく一般会計と特別会計を分けて見てみましょう。一般会計歳出が約107兆円に対して、特別会計歳出が約494兆円。4～5倍近く差がありますが、なぜこんなに金額が違うと思いますか？

う～ん……。特別会計では、たくさんの事業を賄っているからでしょうか？ 19ページで、特別会計は13の事業ごとに設置されているといっていましたよね。

そうですね。また、財源の種類にも特徴があります。財源には、用途が決められていない「一般財源」と、特定の歳出にしか使えない「特定財源」の2種類があります。この特定財源のなかには、特別会計に関する法律で特別会計の歳入とすることが規定されているものがあるのです。たとえば、年金保険料は年金特別会計の財源となり、年金の給付などに使われます。**特別会計にはこうした各省の特定の事業に関する特定の財源があり、一般会計に比べて各省庁の裁量が強くなります。特定財源が増えれば、特別会計の予算も大きく膨らみやすくなります。**

そういった事情で特別会計の歳出が増えてしまうんですね。

予算の削減には政治的な力が必要

ただし、特別会計の予算が大きく膨らむことに対して財務省から批判が出たこともありました。2003年、当時財務大臣を務めていた塩川正十郎元大臣が、一般会計と特別会計をそれぞれ「母屋」と「離れ」に例えて**「母屋ではおかゆを食べて、離れではすき焼きを食べている」と発言したことが有名です。**

年金特別会計｜年金保険事業や健康保険事業を経理するための特別会計。内閣府と厚生労働省が所管している

特別会計の歳出決算額

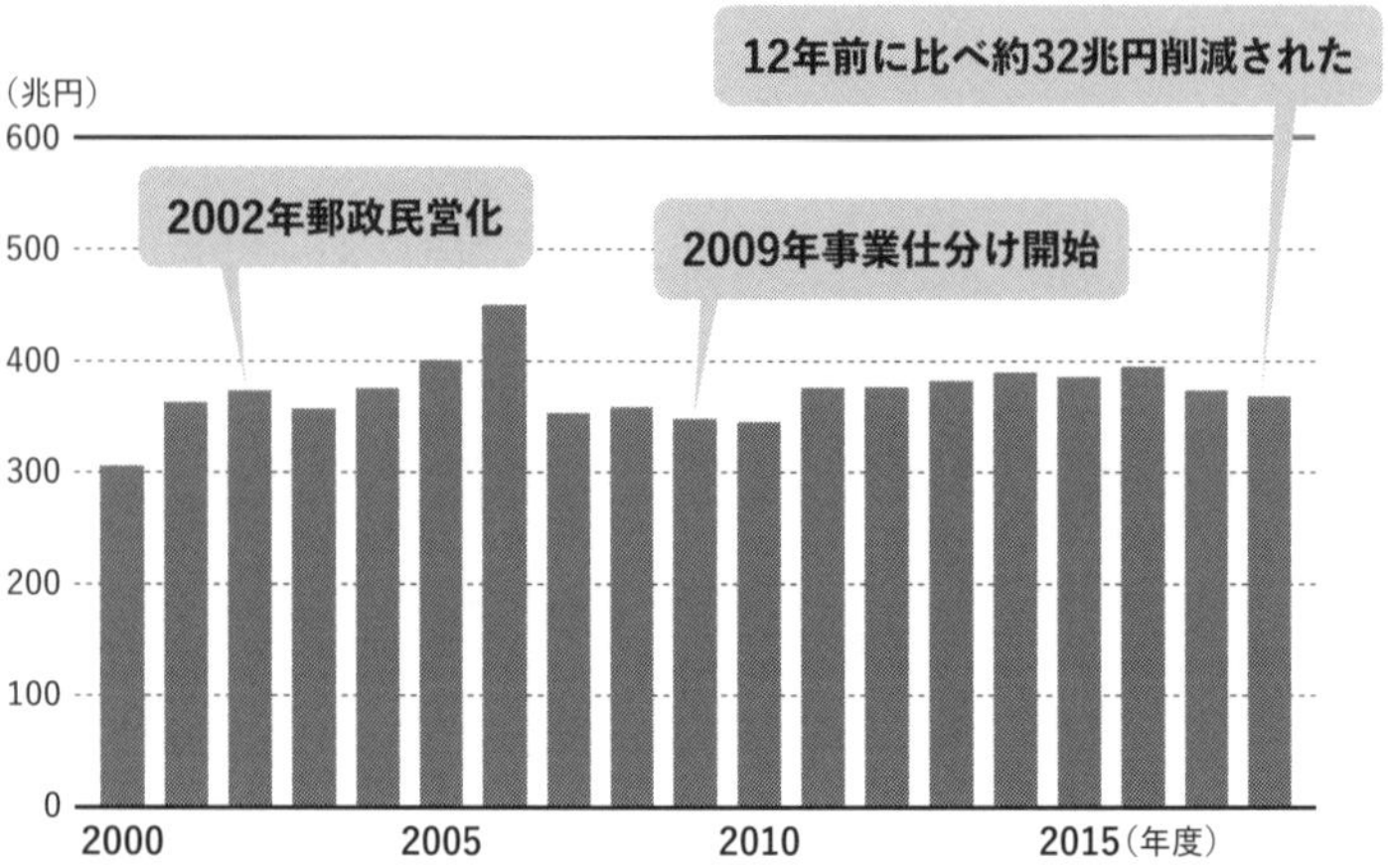

出所：財務省「明治23年度以降特別会計別歳入歳出決算」

その後、特別会計は削減されたんでしょうか？

第二次世界大戦終了後、新しい特別会計が次々に設置され、１９７０年度には45にもなりました。その後減少に転じ、特別会計改革が始まった２００６年度には31になっていました。さらに統廃合が行われ、現在の13に減ったわけです。大きな改革としては、**小泉政権下で実施された郵政民営化があり、「郵便」「郵便貯金」「簡易保険」の３事業の特別会計が廃止されました。**

なるほど。そのほかにも歳出削減の

郵政民営化　小泉政権下で行われた政策。政府の役割を抑える「小さな政府」を目指し、当時国によって行われていた「郵便」「郵便貯金」「簡易保険」の事業が民営化された取り組みは行われたんでしょうか？

民主党政権下でも無駄遣い削減のために２００９年から「事業仕分け」が行われました。「2位じゃダメなんですか？」という発言がニュースで取り上げられましたね。

当時、よくテレビでその様子を見かけました！

当初3兆円の目標を掲げられましたが、同年11月末の報道によると、目標金額の半分しか削減できませんでした。予算が削られるとその事業に携わる人たちは仕事がなくなってしまうため、そう簡単には削減できないのです。また、**選挙を考える政治家は予算の削減に反対するでしょう。関係者から応援を得られなくなるからです**。小泉純一郎元首相のように、政治的な強い力がないと、歳出削減は難しいです。

財政のポイント

特別会計には各省庁の特定財源があるため削減は難しい

財政の基本

06

動向

「国債頼り」の現状を国は変えようとしている？

増税と景気回復がキーワード

歳出の削減が難しいとすると、これからも国債の発行は増えるでしょう。とすると、どうすれば国債を減らせるのか考えてみましょう。

将来の私たちのためにも、早く国債は減らしてもらいたいです……。

そうですよね。歳出の削減以外にどういった方法で国債が減ると思いますか？

一般会計の税収の推移

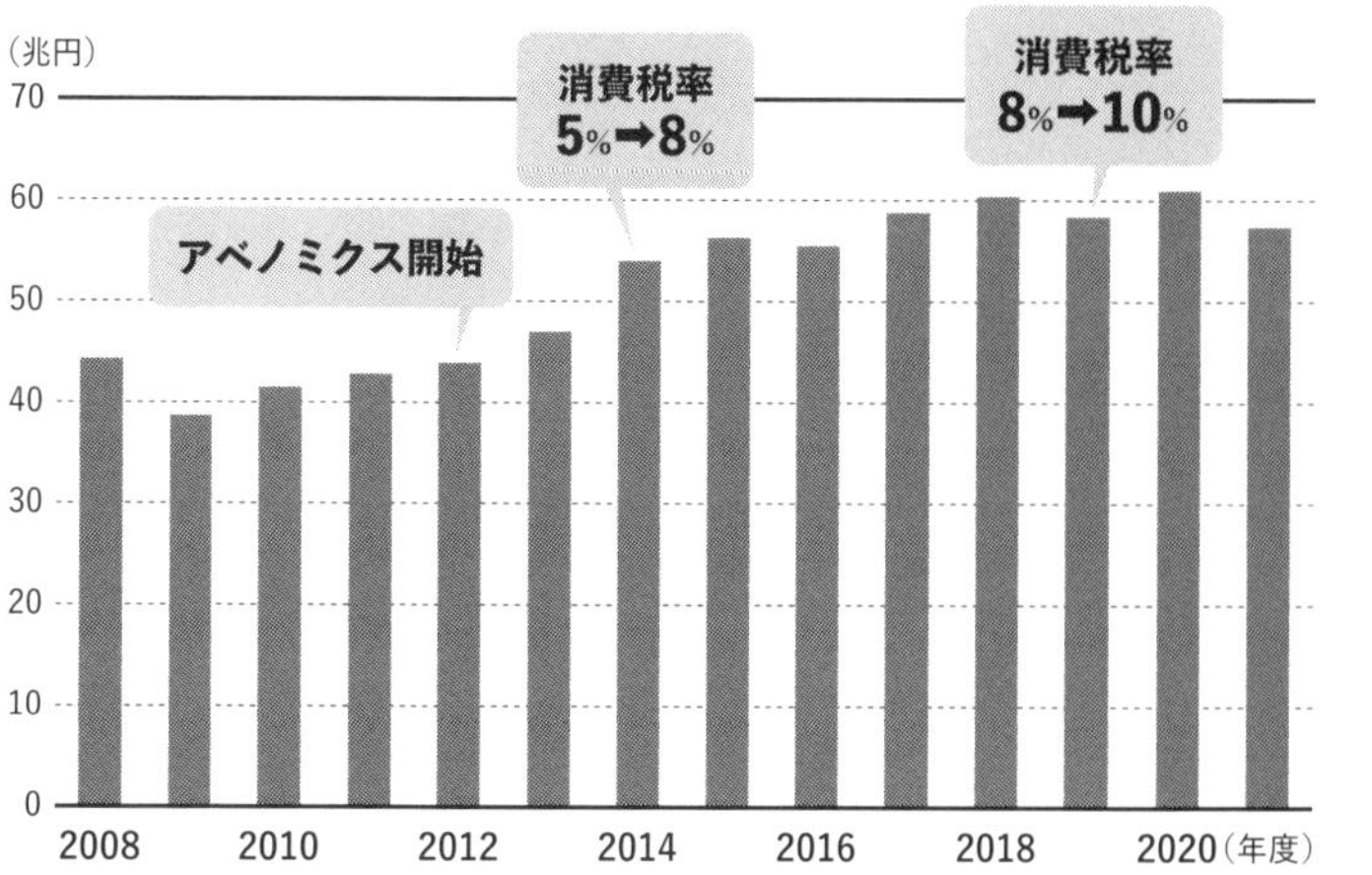

※2020年度以前は決算額、2021度は予算額　　出所：財務省「税収に関する資料」

ん～……。お金が足りないから国債を発行しているんですよね。それじゃあ、収入を増やせば国債に頼らなくてもよくなるんじゃないでしょうか。

その通りです。**国債を減らす方法は、税収を増やすか、歳出を減らすかのどちらからとなります**。歳入を増やす方法として真っ先に挙げられるのは増税ですね。ほかにも、景気回復や経済成長も歳入増加に役立ちます。景気がよくなると消費活動が盛んになるので、それにともなって消費税収が増えるのです。

景気回復の効果は一時的

歳出を削減できないとなると、増税と景気回復の2つが「国債を減らす政策」となります。2014年、2019年に行われた消費増税は「社会保障費の増加などによる財政悪化」を理由に行われたもので、国債に頼る割合を減らす政策ともいえます。第2次安倍政権では景気が回復して税収が増え、結果的に国債の発行額も減少しました。

増税ではなく、景気回復だけで歳入を増やすことはできないんでしょうか……。

そう考える気持ちもわかりますが、景気は回復するときもあるものの、コロナ禍のように突然景気が悪化するときもあります。経済が持続的に成長することは重要ですが、景気頼みで増収を期待するのは、砂漠で雨ごいするようなものです。**景気回復による税収の増加は一時的なものです**。景気がよいときと悪いときを合わせて考えると、それほど増えないでしょう。

となると、残る道は増税ということですね……。

増税を行うかの判断は、その時々の政権の判断です。増税は有権者の反感を買いますから、政権の支持率低下を防ぐためにもなかなか踏み込みづらいといえます。支持率が低下しているなかで増税を発表すると、支持率低下に追い打ちをかけてしまいますよね。過去に、増税を掲げて選挙に負けた事例もあります。

選挙ではよく「減税をします」という候補者を見かけますが、「増税します」という候補者はほとんど見ないですね。

結局、国債を減らすための方法として、増税も難しいのです。政治の判断といいましたが、それは、最終的には、国民が増税を受け入れるか否かの問題です。

財政のポイント

経済成長は重要だが成長だけでは国債依存から脱却できない

財政の基本

07

動向

国家予算の半分以上を使う社会保障費と高齢化問題

予算の大半が社会保障費に使われている

ここまで財政の基本的な話をしてきましたが、もうひとつ知っておいてもらいたい話があります。社会保障費と社会保険料についてです。

あっ、忘れてた！　社会保険料は収入の3本柱でしたね。

そうです。「社会保険料」も、私たちが納めているお金であり、「税金」の一種です。一方、「社会保障費」は歳出のこと。まずは歳出の項目である、社会保障費について解説し

ていきます。実は、**2021年度予算における純計の歳出のうち、約3割を社会保障関係費が占めています。さらに、歳出全体から国債費を抜くと、社会保障費は3割どころか5割前後になります。**

すみません、国債費とは何でしょうか？

国債費は「国債の利払いや返済」に使われるお金です。国民に直接的に還元されている事業に絞って考えるには、国債費を抜いて考えたほうがわかりやすいのです。

なるほど。それでは、**国の事業の半分くらいが社会保障ということですね。**

少子高齢化によって歳出が増加した

困っている人を助けるのは国の最も重要な事業のひとつなので、どこの国でも一番多くなるのは社会保障費です。しかし日本の場合、ほかの国よりも少子高齢化が進んでいます。**高齢者ほど、年金や医療などでお金が必要になります。これが、歳出増の主**

歳入歳出の変化

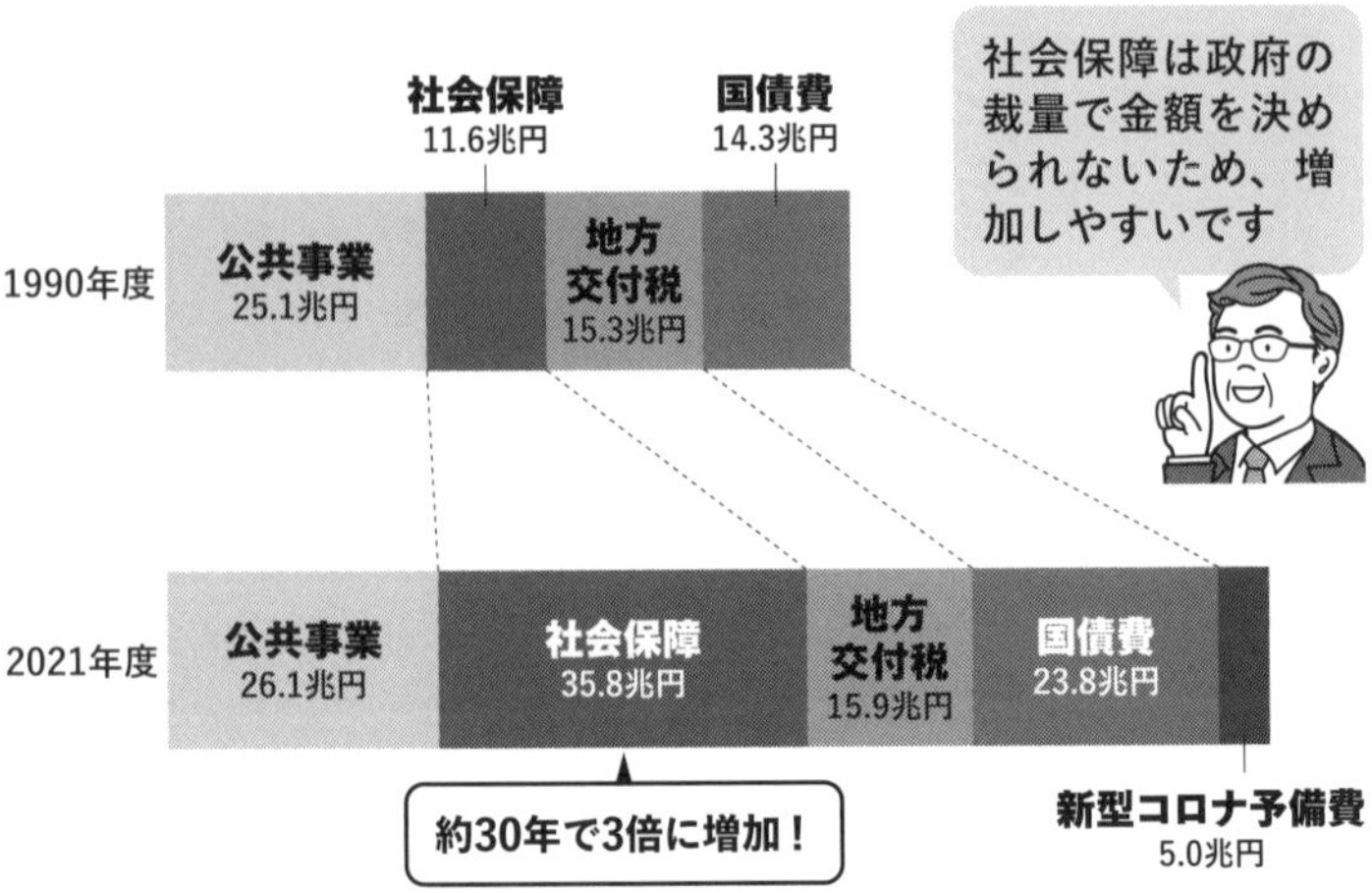

出所：財務省「日本の財政を考える」

な要因です。

少子高齢化の影響でどれくらい財政が悪化したんでしょうか？

1990年度と2021年度の一般会計の歳出（当初予算）を比較すると、社会保障費が24兆円も増加しました。他方、同じ期間の歳入を見ると、税収の2兆円増加に対し、国債は38兆円も増えました。つまり、**この30年間の社会保障費と国債費の増加分はほぼ借金で賄われたということです。**ちなみに、社会保障費は「義務的経費」といい、政府の裁量で金額を決めることはできません。

所得再分配　一般に、社会保障制度などの政策によって高所得者から低所得者へ所得が再分配され、格差が是正されること

少子高齢化が、日本の借金に影響を与えていたなんて……！

そして、社会保障の中心は医療や年金などの保険です。保険制度は、本来、保険料で賄うべきなのですが、日本では、所得再分配のために大量の税金が投入されています。この場合、医療機関で保険適用の診療を受ける人が増えれば、税金の投入、すなわち一般会計における社会保障費が自動的に増えていくのです。

日本は人口が減っているのに、社会保障費はどんどん増えているのですね。

少子高齢化はますます進んでいくので、社会保障費を抑えることは難しいでしょう。2022年からは、いわゆる「団塊の世代」が75歳以上となって高齢社会のピークに突入します。その次には「団塊ジュニア世代」が控えています。

財政のポイント

高齢化によって社会保障費は今後も増えていく

団塊世代 1947～1949年ごろ(第1次ベビーブーム)に生まれた世代。また、1971～1974年ごろ(第2次ベビーブーム)に生まれた世代を団塊ジュニアという

財政の基本

08

動向

実は税金同然!? 社会保険料には逆進性がある

社会保険料の収入は所得税の倍！

社会保障の財源として集められる「社会保険料」についても知っておきましょう。

43ページの説明では、社会保険料だけでは足りないから国債や税金も社会保障に使われるんでしたよね。社会保険料の収入は、ほかの収入に比べて少ないんでしょうか？

いいえ、ほかの収入と比べても決して少なくありません。過去50年間の収入を見ると、所得税や法人税は対国内総生産（GDP）比で微増あるいは微減ですが、**社会保険料**

税・保険料の負担額の推移（対GDP比）

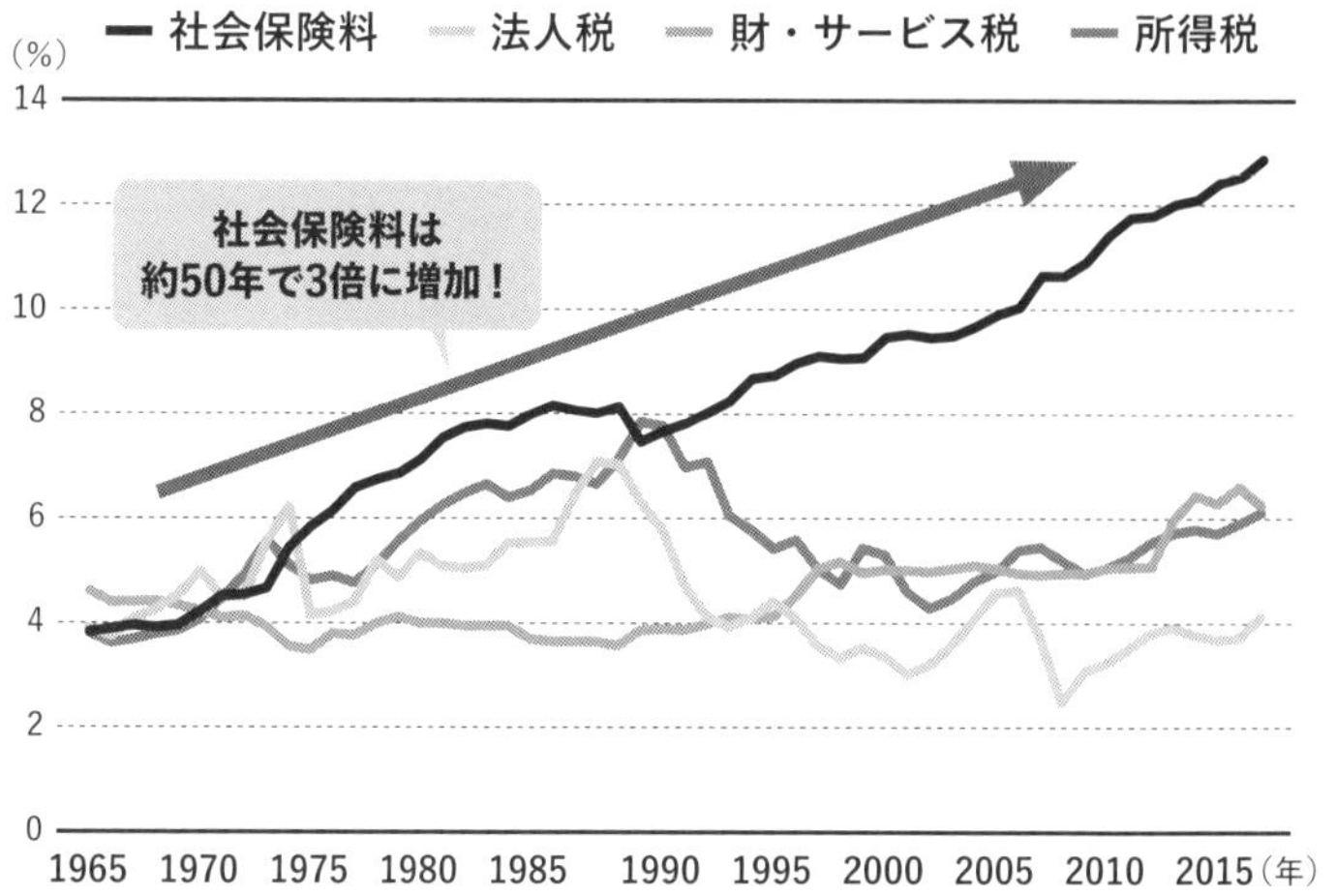

※中央政府、地方政府などを合わせた「一般政府」ベース。また、財・サービス税とは、消費税、酒税、関税、自動車税など、物品やサービスに係る課税

出所：OECD

は4%から12%へ、約3倍に増えました。消費税などの財・サービス税も増えましたが、その規模は社会保険の半分です。

消費税収が社会保険料の半分!?

はい。それでも賄えないくらい社会保障費が増えているのです。

低所得者の負担が大きい

そもそも社会保険とは、加入者が安心して老後を過ごせるよう、また仕事を失ったとき、次の雇用につながるサポートを受けられるよう保障す

GDP　国内総生産。国内で一定期間内に生産された、モノやサービスの付加価値の合計額

ることなどを目的とした保険です。社会保険には、大まかに医療保険・介護保険・労災保険・年金・雇用保険の5種類があります。これらの保険料については、会社や官庁に勤めて賃金を受け取る、いわゆる被用者（一部の非正規雇用を含む）の場合、基本的には本人と事業主が折半で負担します。

私は会社員なので、ここにあてはまりますね。

他方、自営業者、フリーランス、多くの非正規などが加入する国民健康保険や国民年金などは、本人負担のみです。つまり、加入する保険制度は職業によって異なっており、問題はその負担の方法に不公平があることです。たとえば、国民年金の保険料は所得に関わらず定額であるため、所得の低い人ほど負担割合が高くなります。これを「逆進性がある」といいます。他方、所得税は、所得の高い人ほど高い税率が適用されるため、累進的な負担です。

どうして定額だと逆進性があるんでしょうか？

※低所得の場合、保険料を半額などに減免する制度があるが、減免になると、年金給付も減額される

国民年金保険料は、2021年度現在、所得にかかわらずひとりあたり月一律1万6610円です。**月収が20万円の人でも、100万円の人でも同じ金額を負担するため、所得に占める国民年金保険料の負担割合が大きく異なります※。**

なるほど！　いわれてみればそうですね。

厚生年金保険の場合は、負担は所得に対して定率（労使合計で18・3％）です。報酬月額をもとに、厚生年金保険料額表（2020年度9月以降）の報酬月額区分に当てはめて算出します。しかし、**報酬月額が63万5000円を超えると、保険料は月一律11万8950円となります。つまり、報酬月額が65万円の人も、100万円の人も、厚生年金の負担すべき保険料は同じなのです。**これらの保険料は、所得が多ければ多いほど負担割合が低くなる「逆進的な負担」だといえるでしょう。

財政のポイント

保険制度は中高所得にとっては優れていても、低所得者には負担が大きい

報酬月額　毎年4～6月に受け取った報酬を平均した金額

財政の基本

09

しくみ

そもそも国債は本当に借金なの？①

「国債は借金ではない」という主張

先生、基本的な質問なんですが、そもそも国債を「借金」と呼んでいいのでしょうか。ネットや雑誌で「国債は借金ではない」という話を見たことがあります。その話を読んで一理あると思ったので、国債は借金ではないと思っていました……。

国債とは、事業に必要な資金を借り入れるために発行する証明書です。国が国債を発行するということは誰かからお金を借りている、つまり借金ということです。ただ、なかには国債に対する考え方が違う人がいて、そうした人は「国債は、実質的に借金

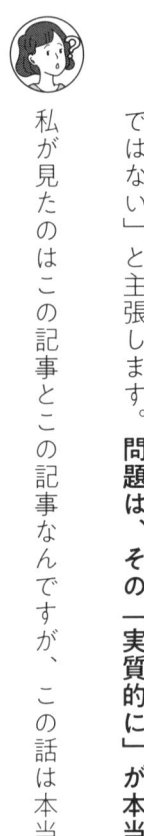

ではない」と主張します。**問題は、その「実質的に」が本当かどうかです。**

私が見たのはこの記事とこの記事なんですが、この話は本当なんでしょうか？

どれどれ……。「大量にある政府資産を差し引けば、国債は借金と呼べるほどの額ではない！」「日本銀行が国債を買い占めれば国債が帳消しになるから問題ない！」という2つの記事ですね。この2つは論拠が違うので、分けて解説していきます。

実際は売却できない資産が多い

まず、政府資産についてです。**これは「借金である国債より国の資産のほうが多いから問題ない」という考え方です。**政府は、道路や施設（公共用財産）、株式（有価証券）、といった多くの財産をもっています。それを金額に換算するとかなりの額になるため、国債を発行してもマイナスにはならないと考えているのでしょう。

たくさん資産があるなら、問題なさそうですが……。

連結貸借対照表

資産の部		負債の部	
現金・預金	127.2	未払金等	15.8
有価証券	398.8	政府短期証券	77.4
たな卸資産	5.1	公債	899.2
未収金等	13.8	独立行政法人等債券	56.1
貸付金	152.1	借入金	35.6
貸倒引当金等	▲3.0	郵便貯金	181.4
有形固定資産	277	責任準備金	91.7
無形固定資産	1.4	公的年金預り金	125.3
出資金	18.2	退職給付引当金等	11.2
支払承諾見返等	2.5	その他の負債	52.3
その他の資産	29.7	負債合計	1,545.90
		資産・負債差額	▲523.0
資産合計	1,022.90	負債及び資産・負債差額合計	1,022.90

※単位は兆円。小数点第2位で四捨五入しているため合計しても金額が一致しないことがある

出所：財務省「国の財務書類(令和元年度)」を元に作成

国は、負債が資産を上回る「債務超過」状態であり、民間企業であれば倒産しています。上図の資産の部には、現金・預金が約127兆円あると書かれています。このうち50兆円は日本郵政が保有する現預金。残りの大半は一時的に国庫に預けている現預金で、まだ支払いが終わっていない代金の後払いに使われます。

ほとんど後払いの代金ですね。

また、資産の部3行目の有価証券399兆円のうち約6割は、GPIFや日本郵政が保有しており、年金積立金や郵便貯金を運用していま

連結貸借対照表 | 国と、国の事業に関連する事務・事業を行う独立行政法人などの財務状況を合体させた貸借対照表

す。これを売却してほかに使うと、年金給付などができなくなります。政府が保有する株でいうと、**NTT（日本電信電話）やJT（日本たばこ産業）などの株は売却できると思いますが、その総額は10兆円程度でしょう。**

じゃあ、「有形固定資産」はどうでしょうか？　金額が２７７兆円もありますよ！

有形固定資産には、国道、河川といった「公共用財産」があります。これらを売ってしまうと国民の生活に大きな影響を与えるので、売却は現実的ではありません。また、有形固定資産には国会、各省庁・府庁、裁判所などの公用財産も含まれます。仮に4分の1を売却できたとしても、得られる金額は約10兆円ほどです。先ほどの株と合わせても約20兆円。２０２１年度に発行された国債の半分ほどにしかなりません。**不要な資産は売却すべきですが、それは1回限りで、毎年使える財源にはなりません。**

財政のポイント

政府資産を売却しても その場限りの財源にしかならない

GPIF　独立行政法人。厚生年金と国民年金の積立金の管理・運用を行う

財政の基本

10

しくみ

そもそも国債は本当に借金なの？②

日本銀行が国債を買い占めている？

もうひとつの記事を見てみましょう。「日本銀行が国債を買い占めれば国債が帳消しになるから問題ない！」という内容でしたね。

先生！　日本銀行ってどんな銀行なんでしょうか。学校で「銀行の銀行」と習ったことはあるのですが、それ以上はあまり思い出せなくて……。

日本銀行は、日本で唯一の中央銀行です。中央銀行は、銀行券（紙幣、貨幣）の発行、

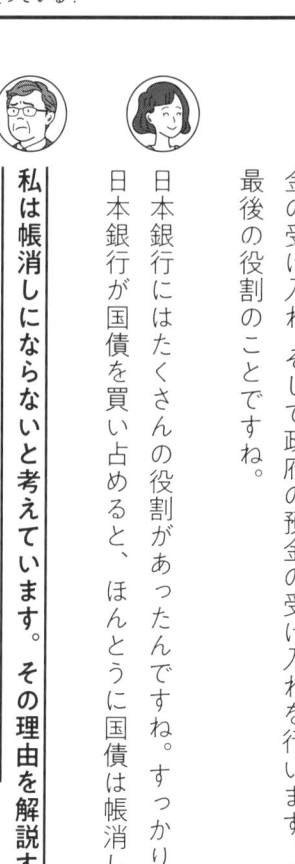

通貨価値の安定をはかる金融政策、市中の銀行（民間の金融機関）に対する融資・預金の受け入れ、そして政府の預金の受け入れを行います。兼本さんが覚えていたのは、最後の役割のことですね。

日本銀行にはたくさんの役割があったんですね。すっかり忘れていました。ところで、日本銀行が国債を買い占めると、ほんとうに国債は帳消しになるのでしょうか？

私は帳消しにならないと考えています。その理由を解説するには、まず「日本の長期的なデフレ」「日本銀行の政策」の解説が必要です。

日本は長期的なデフレに陥っている

デフレとは、お金の価値が高くなり、物価が下がって、経済活動が停滞してしまうことです。経済が停滞すると、企業が従業員に払う給与が下がったり、失業率が高くなります。さらにデフレが進むと、給与が下がった人は買い物を控えてしまい、その結果、企業の売上低下やリストラ、倒産につながってしまいます。

それは困ります！　給料もたくさん欲しいし、失業したくもないです……。

そうですよね。しかし現在、**日本は長期的なデフレ状態に陥っています**。それを改善するために、日本銀行は「デフレ脱却」を目指した政策を実施しているのです。日本銀行は「世の中にたくさんのお金を出回らせることで経済活動が活発になる」と考え、世の中に多くのお金を流通させる取り組みを行っています。そのひとつが「たくさん国債を買いつける」という取り組みです。

国債の話が登場しましたね！　でも、どうして日本銀行が国債を買い付けると、世の中にお金が出回るんですか？

私たちが銀行口座を持っているように、民間の銀行は日本銀行に口座を持っており、そこにお金を預けています。この預金を「日本銀行当座預金」といいます。日本銀行が民間の銀行から国債を買うと、日本銀行はその代金を、当該金融機関の日銀当座預金に振り込みます。**代金を振り込まれた銀行はお金に余裕が生まれ、企業に融資を行いやすくなります。融資を受けた企業は活動が活発になり、経済が活性化する、**とい

う流れを目指しています。この取り組みは「異次元緩和政策」と呼ばれ、２０１３年から行われています。２０２１年３月末時点で、日本銀行が保有している国債の総額は約５３２兆円になっています。これは、２０１２年３月末の約１２５兆円の４倍を超えます。ほかの先進国の中央銀行も、同様に国債を購入していますが、日本は突出してその規模が大きいのです。

国民の預金によって国債が買われている

なるほど。今の話が、「日本銀行の政策」なんですね。

その通りです。ちなみに、会計上、預金は銀行の負債として扱われます。

えっ！　どうしてですか？

たとえば、私が銀行にお金を１万円預けたら、その銀行にとっては１万円の負債となります。私が１万円を引き出したいときに、銀行は預金を返さないといけないからで

す。反対に、負債でなければ、預金は返さなくてもよい、となりますよね。

そういわれると納得できます。……ところで、どうしてこの政策で「国債が帳消しできる」ことになるんですか？

日本銀行が保有する国債は、日本銀行の会計で資産として計上されます。日本銀行は政府の一部と考えている人は、国債をすべて日本銀行が買い付けたら、国の負債と日本銀行の資産が相殺され、借金が帳消しになるというのです。

なんだか魔法みたいな話ですね……！

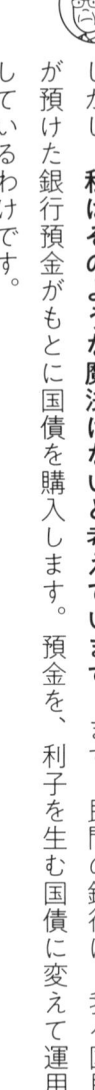

しかし、**私はそのような魔法はないと考えています**。まず、民間の銀行は、我々国民が預けた銀行預金がもとに国債を購入します。預金を、利子を生む国債に変えて運用しているわけです。

民間の銀行は、国債の運用で利益を得ているんですね。

日本銀行が民間の銀行から国債を買うと、日本銀行にある当座預金が増えます。この当座預金は、もとの我々の預金の裏付けになるものです。国民が預金を引き出そうとしたら、銀行はこの当座預金にあるお金で国民に預金を返すということです。つまり、**仮に日本銀行の資産（国債保有分）と政府の負債を相殺しても、日本銀行には「負債としての当座預金」が残ります**。そのため、借金は帳消しになっていないのです。しかし、日本銀行が政府の一部だと考える人たちは、当座預金は実質的に負債ではないと主張しています。

負債なのに「負債ではない」とは、どういうことでしょうか？

わかりにくいですよね。細かい点は省きますが、もし当座預金が負債でないとすると、我々が最初に預けた預金はどうなるのでしょうか。預金という資産に対応する負債がなくなってしまいます。そもそも、財務大臣は、政府と日本銀行は別であると述べているので、統合論は仮定の域を出ない議論です。また、中央銀行が国債をすべて買えば借金が帳消しになるのであれば、ギリシャやアルゼンチンが破綻することはなかったはずです※。

※ギリシャは2009年に財政赤字が発覚。アルゼンチンは、過去9回デフォルト（債務不履行）に陥ったことがある

たしかに、それで破綻を回避できるなら、真っ先に行いますね……。

日本銀行は、「政策開始から2年以内にインフレ率を2%にする」ことを目標として、２０１３年から国債を買い続けていますが、8年経った現在でも達成できていません。異次元金融緩和でデフレを是正できないことがわかったにも関わらず、それを続けることが妥当だと思いません。むしろ、日本銀行頼りで国債を発行し続けることで、無駄な支出を増やし、将来世代の負担を高めるなど、リスクがあることを考えるべきです。

なるほど……。国債は借金だという考え方に納得できました。

財政のポイント

日本銀行が国債を買いきれば国の借金がなくなるという魔法はない

PART

2

収入の疑問

――税の徴収は本当に公平？

本PARTでは、国の主な収入のうち、特に税金に焦点を当てて解説します。消費増税や法人減税など、ニュースでよく見る話題だけでなく、相続税や環境税といったテーマも解説します。

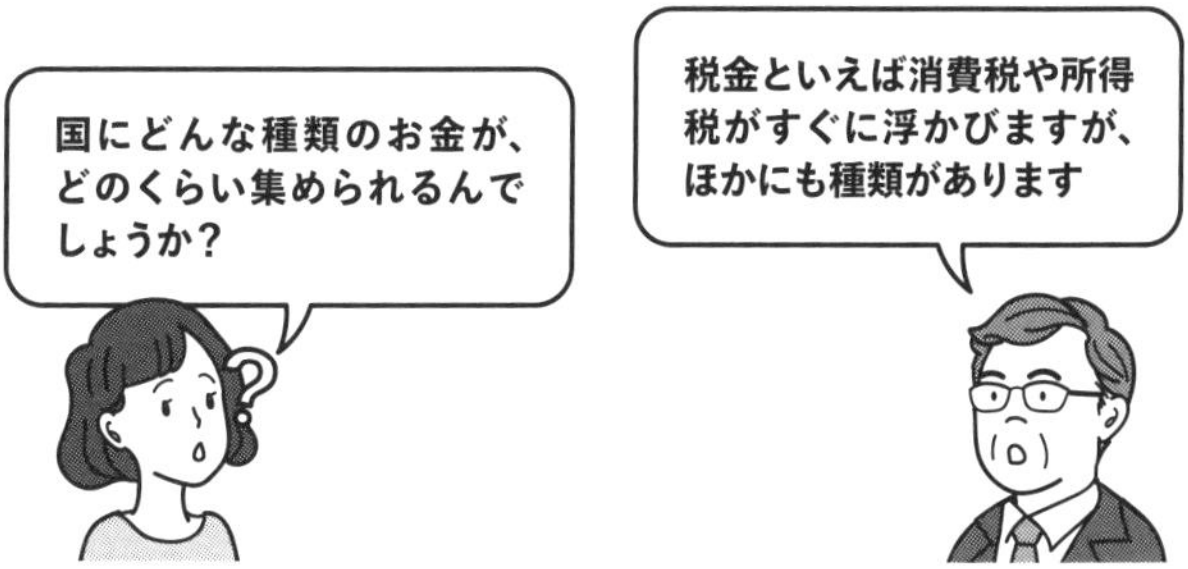
国にどんな種類のお金が、どのくらい集められるんでしょうか？
税金といえば消費税や所得税がすぐに浮かびますが、ほかにも種類があります

収入の疑問

国の収入について知ろう！

国って、個人や企業などからいろいろな種類のお金を集めているんですね。

兼本さん自身も、日々いろいろな税金を払っていますよ。会社員は税金があらかじめ差し引かれた給料が振り込まれるので、税金の話が身近に感じにくいかもしれません。

はい。ただ、給与明細を見ると「税金って高いなあ」って毎月思ってしまいます。なんでこんなにいろいろと「天引き」されているんだろうって……

そうですね、税金の種類は多岐に渡ります。兼本さんが勤めている会社も、いろいろ

な税金を納めていますよ。

経理の人、たいへんそう……。会社の税金などは考えたこともなかったですが、せっかく税金を納めているんだから、毎年いくら税収があるのかなど、いろいろと気になります！

このＰＡＲＴでは、国の財源について、つまり私たちが国に払っているお金についてお話ししていきましょう。税収の現状、消費税・所得税といった身近な税のしくみ、兼本さんも今後収めることになる相続税、そして最近話題になっている環境税など、国の収入にまつわる疑問にお答えしていきます。また、地方税についても触れます。

よろしくお願いします！　では、さっそく。私たち毎回、毎月こんなに税金を納めてますけど、国の収入って増えているんですか？

収入の疑問

01

Q 国の歳入は年々増えている？

実際は国債の発行額が増加している

「国家予算」のうち、歳入・歳出はともに年々増加の一途をたどっています。しかし、歳入の金額だけを見て「収入が多いから日本の財政は問題ない」という簡単な話ではありません（左グラフ参照）。

内訳を見てみると、国の歳入の柱である「税収」は、景気の悪化と景気対策のための減税により１９９０年度以降減少しました。２００９年度以降は盛り返しますが、ようやく30年前（１９９０年）の水準に戻ったという状況です。

しかし、42ページでも解説したように、義務的経費を中心に歳出は年々増え続けていま

一般会計の税収・国債の推移

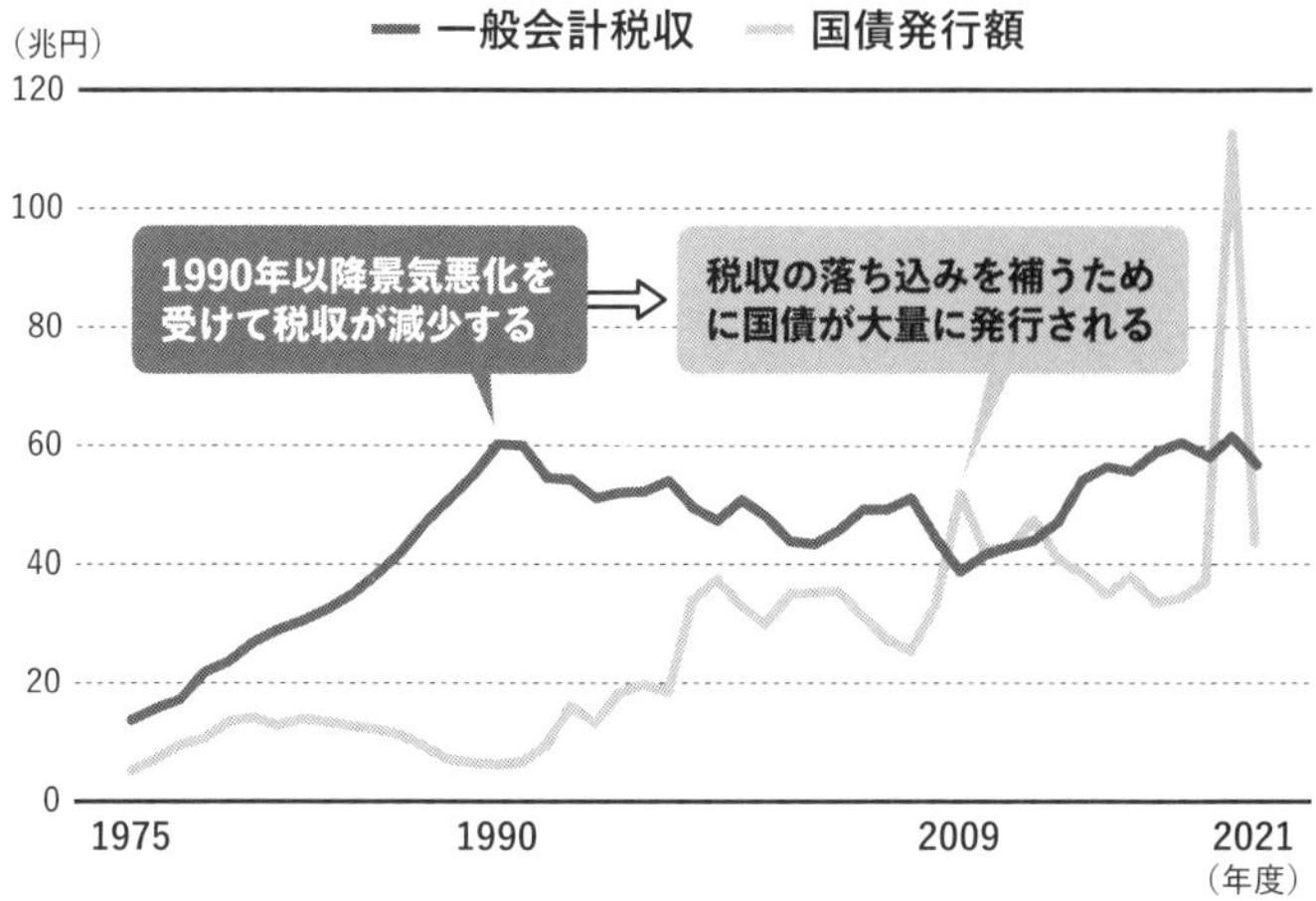

※一般会計ベース。2020年度以前は決算額。2020度は補正後予算、2021度は予算額

出所：財務省「財政に関する資料」を元に作成

す。歳出と歳入のギャップを埋めるため、国債を発行することで必要な資金を捻出しているのです。

たとえば、２００８年に発生したリーマンショックによって景気が低迷し、２００９年度は税収が大幅に減少しました（政策的な減税も影響）。それを補うため、２００９年度は国債が大量に発行されました。**歳入全体は増加していても、それは国債の発行額が増えているからであり、税収が増えているわけではないのです。**

そもそも、本来日本では国債の発行は法律で禁止されています（２０８ページ参照）。しかし、それでは歳出を賄えないため、例外的に国債を発行しているのです。つまり、法律で禁止されている「借金」によって財政が成り立っているのです。では、国債を発行しなければ歳入不足を補えない日本の財政をどう考えるべきでしょうか？

国の財政を評価する指標として、「基礎的財政収支（プライマリーバランス）」というものがあります。これは、教育や福祉など、私たちが利用しているサービスを自分たちが負担している税金で賄えているかを表す財政指標です。過去の借金の元利払いを除いた支出額と、国債などの発行によって得る分を除いた収入額の差額のことを指します。これが赤字の場合、私たちは将来世代に負担を転嫁しながら現在のサービスを享受している、ということになります。つまり、世代間の公平性を測る指標です。

プライマリーバランス※を見ると、1992年度以来マイナスの状態が29年間続いています。新型コロナウイルス感染症が流行した2020年度（3次補正後）はマイナス69・4兆円、2021年度はマイナス40・1兆円となりました。

財政の持続可能性や、世代間の公平性の確保が必要

国債の問題点は、高い金利を払わないと借金できなくなったり、借りたお金が返せなくなる「デフォルト（債務不履行）」に陥ってしまうかもしれないことです。**デフォルトに**

※中央政府（国）と地方財政の合計

陥ると、財政再建のために大幅な増税などが行われ、国民の生活に大きな影響を与えます。

計算は省きますが、プライマリーバランスが均衡し、経済成長率が金利より高ければ、債務残高の対GDP比は減少します。近年の日本は、プライマリーバランスが赤字の一方、成長率が金利を常に上回っている状況ではありません。まずはプライマリーバランスを改善し、国内総生産（GDP）に対する債務残高の比率（持続可能性の指標）を下げていくことが重要です。

我々も住宅ローンなどで借金をしますが、稼ぎに対していくら借金をするか、その割合を検討するはずです。急速な少子高齢化の影響を受けて、今後さらに歳出は増えていくでしょう。そうしたなかで、財政の持続可能性を高めるとともに、世代間の公平性を確保することが求められています。

A

増大する社会保障費を賄うために借金が増えていてる

収入の疑問

02

Q 税収が増えれば国債は減らせる？

増収分のうち国債発行の抑制に使われるのは一部

国債は、税収だけで歳入を賄えるのであれば発行する必要はありません。そもそも、財政法第4条において国債を財源とすることは禁止されています（208ページ参照）。しかし、膨らみ続ける歳出を税収だけで賄うことができないのが現実です。2021年度の一般会計当初予算だけを見ても、歳出が106・6兆円であるのに対し、税収は57・4兆円です。**歳出の大部分を占める社会保障費35・8兆円がゼロになったとしても、税収だけでは賄えません。**

それでは、どうすれば国債の発行を減らせるでしょうか？　方法は、前述のように出て

税収だけでは歳出全体を賄えない

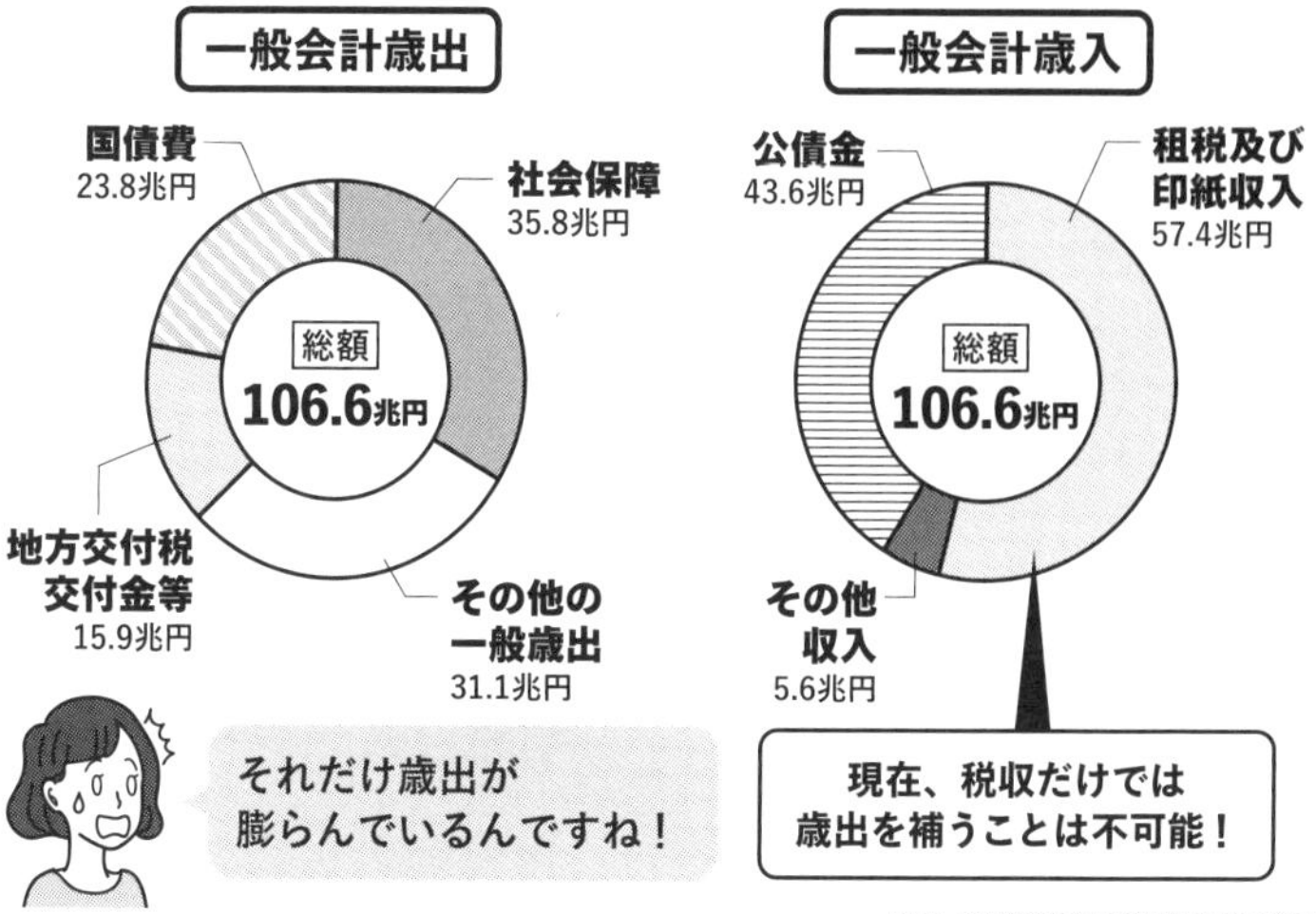

出所：財務省「令和3年度政府予算」

いく金額を減らすか入る金額を増やす、つまり「歳出を減らす」か「税収、保険料収入を増やす」の2つしかありません。

しかし、**実際に税率を引き上げても、国債の発行を減らせるとは限りません**。2012年12月～2020年9月の安倍晋三政権で実施された二度の消費税の増税を例に考えてみましょう。

もともと、2012年の野田佳彦内閣において増税が決定し、2014年4月に8％、2015年10月に10％に税率が引き上げられる予定でした。その際、8％から10％への増税で見込まれる5・7兆円の増収のうち、1・1兆円は社会保障の充実に回し、残る4・6兆円は後代への負担の付け回しを減らすために用いられることに

税率　課税物件（課税対象となる物や行為や事実）や課税標準（課税物件を金額化・数量化したもの）と並ぶ課税要件のひとつで、課税標準にかける比率のこと

消費増税（8%➡10%）による増収分の使い道の変更

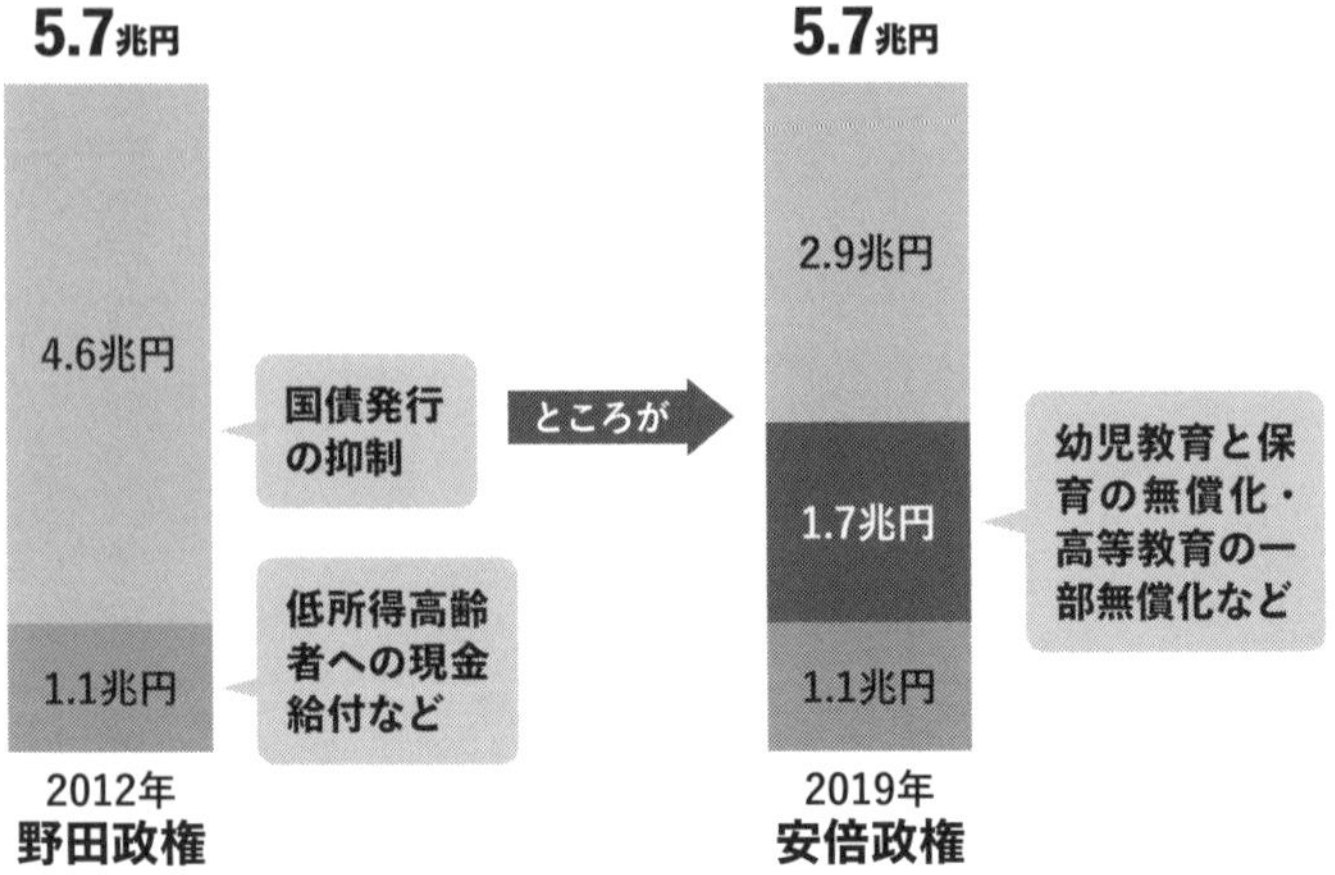

出所：時事通信

なっていました。

その後の安倍内閣において増税が実施されましたが、10％への増税で見込まれる税収の使途が変更になりました。その結果、**新たに幼児教育の無償化や高等教育の一部無償化、保育士・介護職員の処遇改善などに1・7兆円が割かれることになり**、当初掲げていたほど国債発行を減らすことはできなかったのです。

その理由として、政治的な要因が挙げられます。

政権は「自分たちの政権を長く維持したい」と考えるため、痛みを伴う政策は取りたくありません。特に、消費増税は安倍政権が決めたものではなかったので、予定どおりの実施に後ろ向きでした。

増税するとしても、将来の国民のために借金返済に充てるより、「教育の無償化」など今の国民から評価されるための政策を優先します。これは今の政権だけの問題ではなく、「次の選挙に勝つため」の政治の必然的な傾向で、だからこそ国債は膨らんでいるのです。

国債発行の削減に有効な戦略

国債の発行を減らすためには、総合的な戦略が必要です。第一に社会保障制度の見直しや歳出の効率化などです。第二に、増税するとしても、特定の企業などを優遇する租税特別措置などを優先的に見直すべきです。一般的に、所得税や法人税よりも消費課税や資産課税のほうが景気に対するマイナスの効果は小さいです。ただし、消費税は逆進的なので、低所得者対策が必要になります。また、環境税の増税も考えられます。そして何より、規制改革などにより経済の構造を改革し、成長を促す取り組みが重要です。

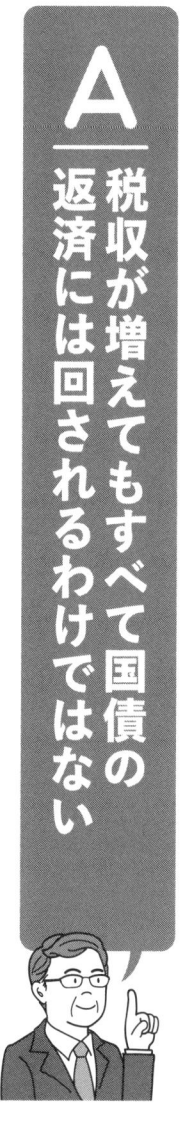

A 税収が増えてもすべて国債の返済には回されるわけではない

収入の疑問

03

Q なぜ消費税は段階的に上がっていくの？

段階的に増税することで負担を抑える

消費課税は、逆進性（46ページ参照）の問題がありますが、効率的に財源を確保できること、所得税などと比べると景気に対するマイナスの効果は小さいことなどのメリットがあります。そのため、時間をかけつつ、国は消費増税に熱心に取り組んできたのです。１９８９年に３％の税率で導入されて以来、１９９７年に５％へ、２０１４年に８％へ、２０１９年には10％へと、段階的に引き上げられてきました。

では、なぜ、一度に10％まで引き上げなかったのでしょうか？　消費税は、商品やサービスを購入したとき必ず支払うものです。**そんな消費増税は、国民の負担に関わるため、**

消費税率の推移

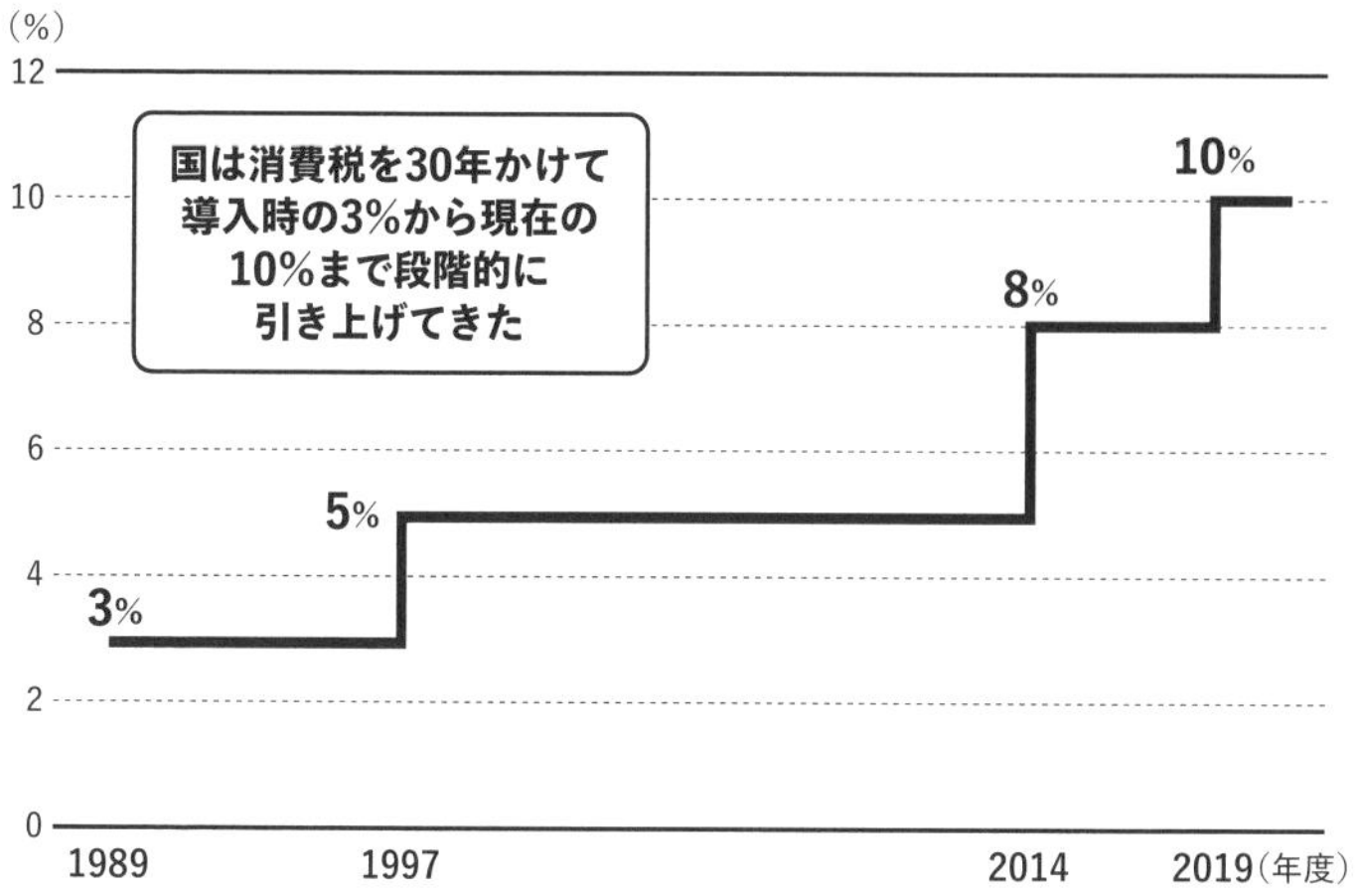

非常に関心が強くなります。

　もしもいきなり3%から10%に上がっていたら、１万３００円払えば買えていた商品が１万１０００円になってしまいます。この差が大きいと、消費者の「負担が大きくなった」という心理がより強くなり、購買意欲をなくす可能性があるのです。つまり、**購買意欲の落ち込みをできるだけ抑制するために、国は段階的に税率を引き上げてきたのです。**

　個人の消費がどれだけ変動したかは、「家計最終消費支出」という指標から読み取れます。２０１４年の消費増税時に家計最終消費支出は落ち込みましたが、ＧＤＰ全体は間もなく回復したため、増税による影響は一時的でした。

GDPと家計最終消費支出の推移

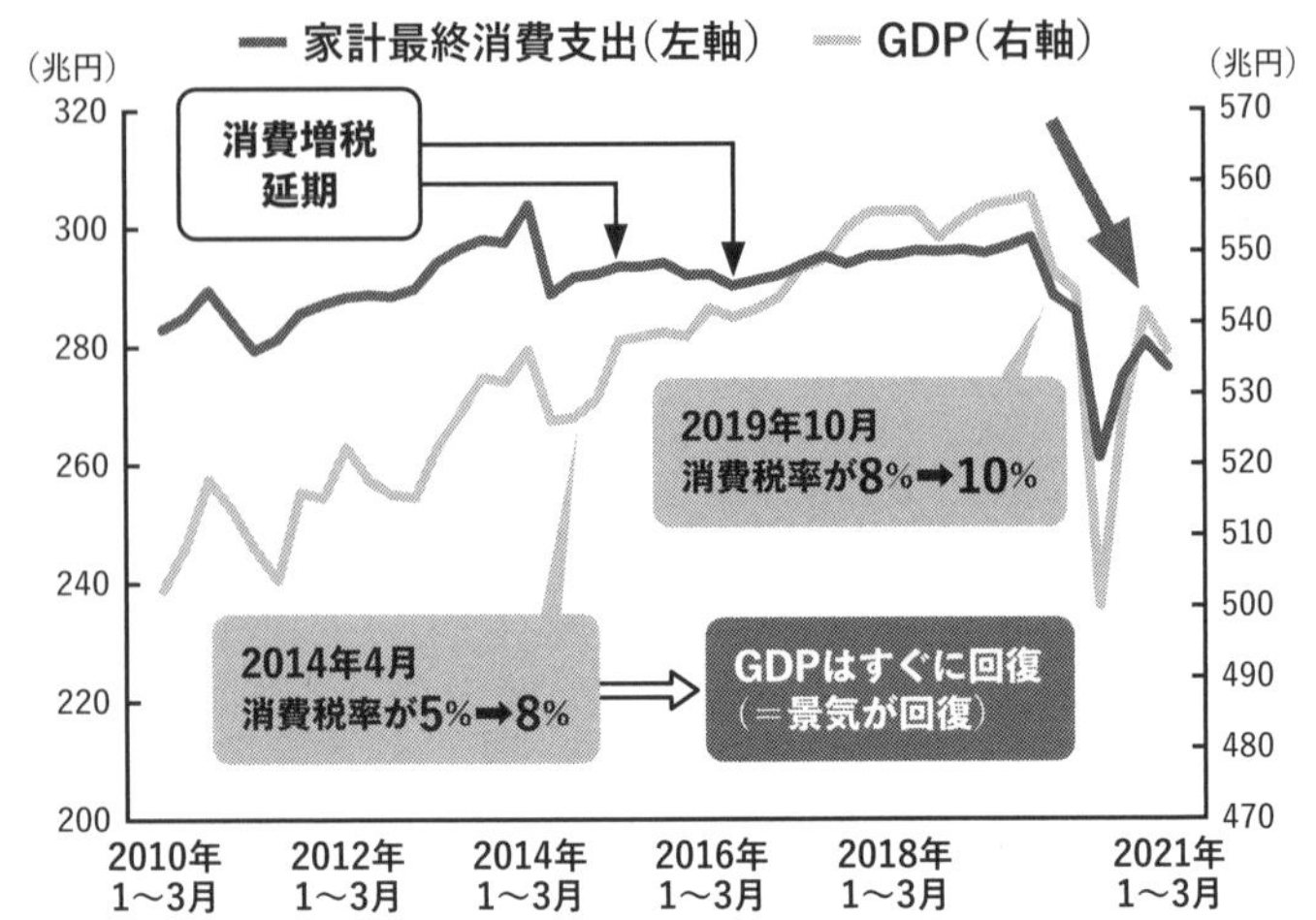

出所：内閣府「国民経済計算（2021年1－3月期第2次速報値）」

しかし、2回目の延期はそうではありませんでした。政府の研究会（2020年7月）によると、暫定的に2018年10月を景気のピークとしています。

今から考えると、2019年10月の消費増税（8%→10%）は、景気下降局面で実施されたことになり、景気をさらに悪化させることにもつながりました。

税率10%への引き上げは2回延期されており、1回目の延期は景気の状況からやむをえなかったとしても、2回目の延期は適切でなかったといえるでしょう。

軽減税率がもたらす不公平

また、2019年の消費増税の際に、

A 経済悪化を最小限かつ短期間で抑えるため

低所得者対策として導入されたのが「軽減税率」です。これは、標準税率を10％まで引き上げる一方で、「酒類・外食を除く飲食料品」や「新聞」などの商品については消費税率8％に据え置くことにより、低所得者の負担を軽減させるものです。

ただし、**軽減税率は不平等を助長するものという指摘もあります。**一般的に、低所得者のほうが支出のうちの食費の割合が高く、高所得者のほうが食費の割合が低いとされています。しかし、金額で考えると高所得者のほうが食事にかける金額が大きいため、軽減税率による「減税」の恩恵が大きくなるのです。また、何が外食で何が内食なのかといった、軽減税率の対象の線引きで混乱と不公平も生じます。

欧州諸国では、消費課税（付加価値税）の税率は20％を超えるので、軽減税率も必要と考えられます。低所得者対策としては、軽減税率を導入するよりも、低所得者に対する給付（諸外国の給付付き税額控除など）を拡充するほうがより効果的です。

給付付き税額控除　納税額より、税額控除の額が大きかった場合、そのを給付するという制度度。「負の所得税」ともいわれ、税制を通じて社会保給給付を行うもの

収入の疑問

04

Q 消費税による税収は本当に増えている？

増税で税収が1兆円以上増加

消費増税にあたって国は経済の落ち込みをある程度抑制するため、軽減税率なども導入しながら現在の10％へと段階的に引き上げてきました。

消費税率の5％から10％への引き上げは、民主党政権（２００９〜２０１２年）が、当時野党であった自民党・公明党と合意して決めたものでした。それは、「社会保障と税の一体改革」と呼ばれ、社会保障の充実・安定化と、そのための安定財源確保と財政健全化の同時達成を目指すものでした。２０１２年8月に、関連8法案が成立し、その後税率は2段階にわたって引き上げられました。重要な点は、消費税が社会保障目的税化していることです。目的税とは、使い道があらかじめ特定されている税金のことで、ほかの目的には使えません。

では、これらの税率引き上げは効果があったのでしょうか？　国の一般会計予算の推移を見てみると、**消費税収額は増税に合わせて階段的に増えていることがわかります。**

たとえば、5％から8％に引き上げられた2014年度には、2013年度の10・8兆円から16兆円と実に5兆円余りも増加しています（決算ベース）。また、8％から10％に引き上げられたのは2019年10月と下半期にさしかかっていましたが、2019年度の税収は、2018年度の17・7兆円から18・4兆円へと増加しました（決算ベース）。ただ、消費税を10％へ増税しても、社会保障すべてを賄うほどの税収規模はありません。

消費税は景気に左右されづらい

消費税は、その性質上、景気の動向によって大きく変動するものではないため、安定した収入となっています。ただし、70ページで述べたように、消費増税が行われると消費支出が一時的に落ち込みます。より厳密にいえば、消費税は、「税率×消費額」で算出されるため、国民の消費額が減ると、その分税収に影響を及ぼすのです。

主要税目の推移

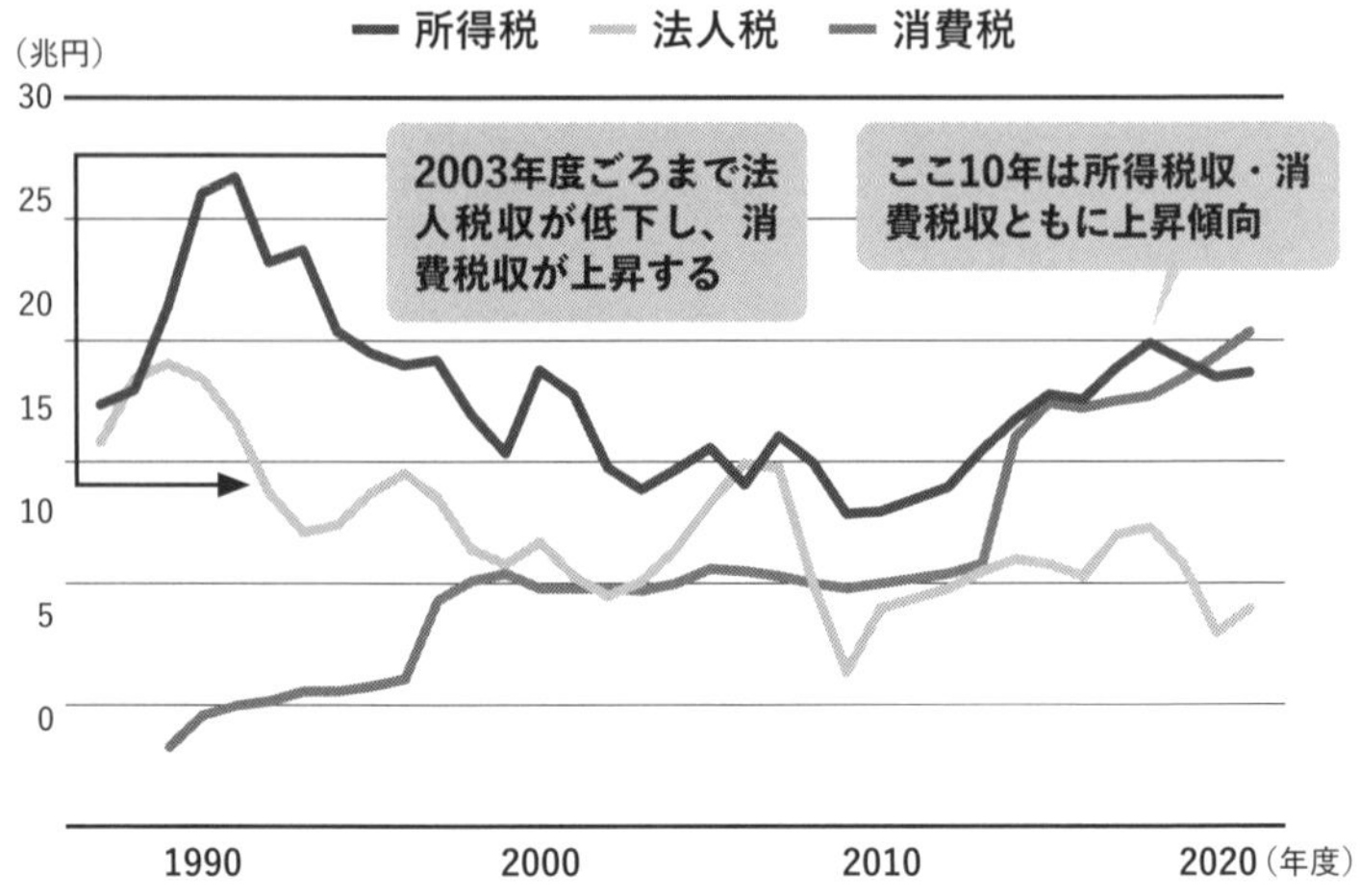

※決算ベース

出所：財務省「税収に関する資料」

消費増税が行われると、消費者は「増税前にまとめ買いをして、増税後は出費を抑えよう」と考えるため、税収は増えた後に減ります。ただし、増税直後に消費を控えても、消費者の購買行動は次第にもとの水準へと戻ります。

駆け込み需要は消費の先食いにすぎず、ならしてみれば、消費はそれほど減少しないと考えられます。諸外国では、税率を引き上げても、一斉に物価が上がるわけではなく、日本も諸外国を見習うべきでしょう。

歳入全体は増減がある

増収の手段として、増税が効果的であ

るのは事実です。しかし、30年間にわたる段階的な消費増税によって一般会計税収の総額も右肩上がりに増加し続けてきたかというとそうではありません。税収額の推移を見てみると、一般会計税収の総額は大きく増減してきました。

現実の日本の税収は「所得税」「法人税」「消費税」が3本柱になっていますが、このうち消費税と法人税の税収の推移に着目すると、**消費税はほぼ右肩上がりで増えていますが、法人税は変動があるものの減少傾向にあります。**所得税は、足元では増加に転じていますが、バブル期の水準までは回復していません。こうした結果、税収全体は、消費税の増収のようには増えていないのです。

第2次安倍政権誕生（２０１２年）の前後から、所得税や法人税も増加していますが、それは、日本経済全体が回復していたからです。つまり、二度にわたる消費増税に加えて、景気による増収効果があり、税収全体も増えたのです。ただし、すでに述べたとおり、税収が増えても借金が減るとは限りません。

A 増税で消費税収は増えても税収全体は増えるとは限らない

収入の疑問

05

Q 1億円稼ぐと半分を納税「所得税」は本当に公平？

所得が多いほど納税額が増える

所得、つまり働いて得た給料や収入に課される税金が「所得税」です。高所得ほど高い税率を課し、低所得ほど低い税率を課すよう、**所得税ではその金額に応じて税率が変わる「累進課税制度」が採用されています。**この制度によって高所得者には高い税金を負担してもらいつつ、所得の低い人の負担を軽減することができます。

所得税は、課税所得をもとに計算されます。課税所得は手取りの金額ではなく、1年間のすべての収入から必要経費を差し引き、さらに所得控除を引いた金額のことです。課税所得のうち、195・9万円未満の部分には5％の税率が、195〜329・9万円の部

所得控除　所得から、一定の金額を差し引くこと

所得税は「累進課税」

所得税の速算表　**税額＝①×②－③**

①課税所得額	②税率	③控除額
～194万9000円	5%	0円
195万円～329万9000円	10%	9万7500円
330万円～694万9000円	20%	42万7500円
695万円～899万9000円	23%	63万6000円
900万円～1799万9000円	33%	153万6000円
1800万円～3999万9000円	40%	279万6000円
4000万円～	45%	479万6000円

※課税所得は1000円単位で計算されるため、
1000円未満を切り捨てた数値を表記

出所：国税庁「所得税の税率」

課税所得が増えるほど税率が高くなっていますね！

POINT ただし、株式投資では一律約20%の税率しか適用されません

分には10%の税率が、というように、課税所得を階層的に分類します。もし、課税所得が800万円ならば、これを4つの階層に分けて、それぞれ異なる税率を乗じて合計したものが納税額です。こうした計算は面倒なので、上の表のように、税額を速算する表があります。課税所得に税率をかけた額から、さらに税額控除を差し引くことで算出できます。

　課税所得1億円の場合の納税額も考えてみましょう。上図の速算表をもとに計算すると、所得税は約4000万円（1億円×0・45%－479万円＝4021万円）。また、住民税と合わせると、**大まかに考えて**

税額控除　課税所得金額に税率を乗じて算出した所得税額から、一定の金額を控除するもので、たとえば住宅ローン控除などがある

約5000万円納税をすることになるため、「1億円稼いでも半分は税金で持って行かれる」などといわれています。

どうして高所得者はこれほど税金がかかるのでしょうか？　それは、所得の高い人には税を負担できる余力があると考え、そうした人ほどより多く負担すべきという「公平性の原則」を重視しているからです。実際、パートやアルバイトの場合、所得が少なければ（1年間の給与所得が103万円以下）、所得税は非課税となります。さらに、学生や主婦（夫）であれば、勤労学生控除や配偶者控除を利用することで非課税枠を増やすことができます。

多くの富裕層は累進課税を免れている

こうした所得税の基本的なしくみだけを見ると「1億円稼いでも半分は税金で持っていかれる」かのようにいえますが、実態は少し違います。所得税は、すべての収入を合算して、その多寡（金額が多いか少ないか）に応じて税率を適用するのが原則ですが、預金の利子、株式や債権の配当や売却益などについては、給与所得の所得と合算せずに、その所得の多寡に関わらず、一定の税率が適用されます。これを分離課税といいますが、申告する必要があるものと源泉徴収されるものがあります。

金融所得　株式の配当や譲渡損益、投資信託の分配金、公社債や預金の利子など金融商品への投資によって得た所得

A　累進税率は公平だとしても すべての所得に適用されていない

たとえば、1億円を稼ぐような人の多くは、株式の配当や売却益などの金融所得で稼いでいます。株式の売却益に課せられる税率は20％（所得税15％、住民税5％）です※。つまり、**株式のような金融所得で1億円儲けると、約20％の税率だけで済むのです。これは課税所得695万円以上900万円未満の所得に課せられる税率より低いものです。**

すべての所得を合算して累進税率で課税するという「総合課税」の原則は、公平性の観点からは優れていますが、実際には限界があります。勤労所得に対する課税はよいのですが、資本所得や金融所得は流動的であり、国際化が進む中で海外にも流出します。

そこで、所得を勤労所得と資本所得に分けて、前者には累進税率を、後者には一定税率（たとえば法人税率と同じ）を課す「二元的所得税」という考え方が考案され、北欧諸国が最初に導入しました。日本の分離課税もこれに近いしくみです。**こうしたしくみは公平性の観点からは問題がありますが、他方、現実の経済活動を考えると、セカンドベストともいえます。** ただし、日本の今の約20％の税率は引き上げるべきと考えられます。

※ただし、2037年までは、復興特別所得税として各年分の基準所得税額に2.1％を乗じた額を追加して納税する必要がある

収入の疑問

06

Q 法人税を上げて税収を増やせないの？

世界中で法人税率が引き下げられている

日本の法人税率は年々引き下げられており、1984年には43・3%でしたが、現在では23・2%となっています。シンガポールの17%に比べると高めですが、それでもOECD加盟国のなかでは平均的な数値です。

ただし、日本には従業員の給与引き上げや設備投資などを行った場合に法人税が軽減される「租税特別措置（租特）」などがあることから、実際の負担割合はこれより低くなっています。それどころか、大手企業ほど法人税額が低くなっているという指摘もあり、中央大学の富岡幸雄名誉教授の試算によれば、法人の実質的な所得税負担率を表す「実効税

OECD　経済協力開発機構のこと

法人税率の推移

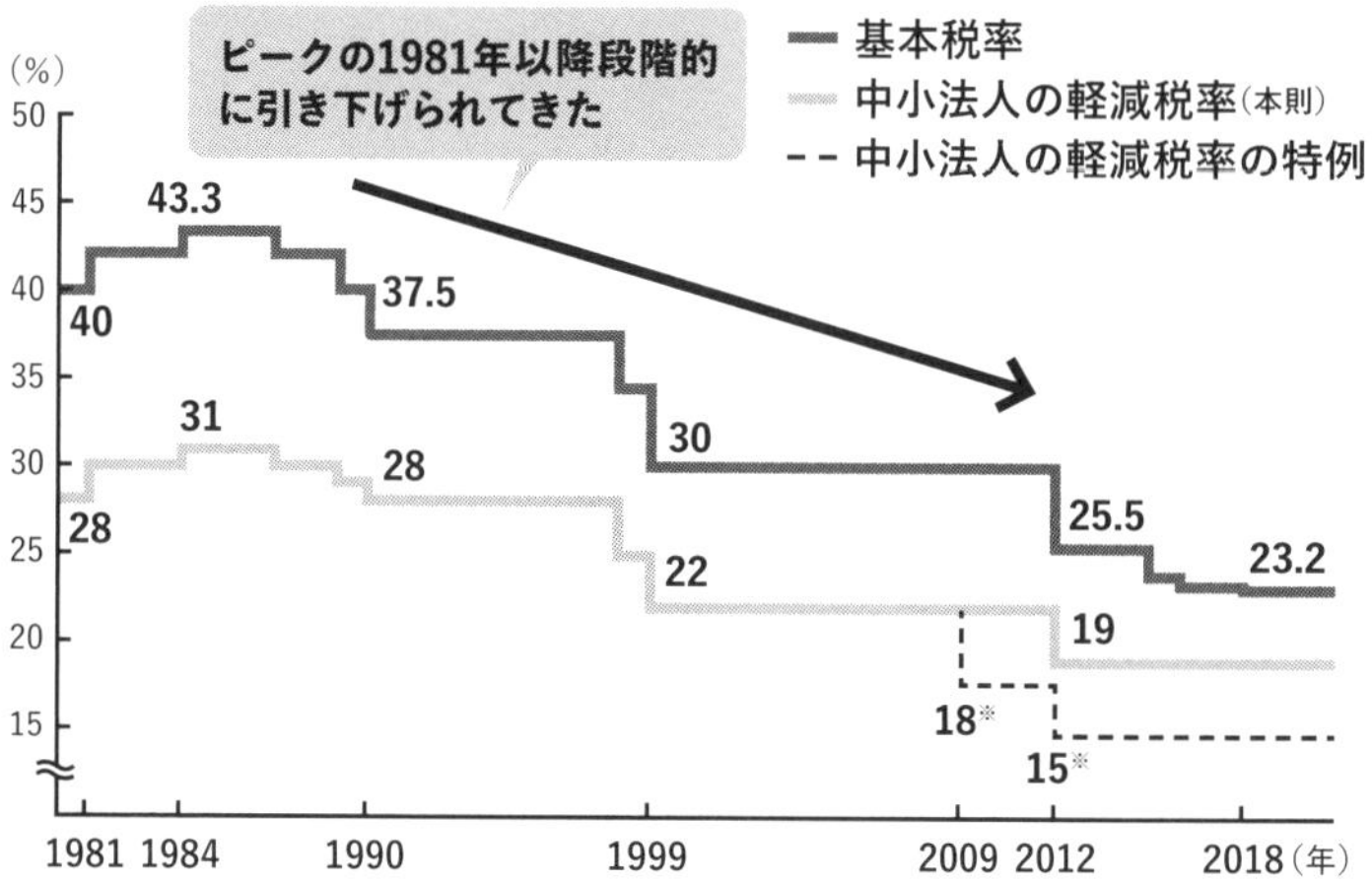

※中小法人（資本金1億円以下）の所得800万円以下の部分には、時限的な例外措置により軽減税率が適用される

出所：財務省「法人課税に関する基本的な資料」

負担率」は、資本金が高ければ高いほど低くなっています。

このような話を聞くと、「消費税は上がったのだから、法人税も増税しなければ不公平だ」と思うかもしれません。しかし、**企業は国際競争していることを考えなければなりません**。グローバル化が飛躍的に進んでいる昨今、「より法人税が低い国で設立・登記したい」と考える企業が現れるのは自然であり、海外からより多くの優れた企業に参入してもらおうと、多くの国が競い合って法人税を下げています。そうしたなかで日本の法人税だけが高ければ、優れた技術を持った企業が日本から離れてしまうでしょう。

これまで世界各国は法人税率の引き下

租税特別措置　経済政策上のある目的の達成のために、税制上の特例として租税を減らしたり増やしたりすることげ競争を行い、タックスヘイブン（112ページ参照）といわれる極端に低い税率を導入している国もありましたが、これに歯止めをかける動きがあります。2021年、OECDの会合で、「国際的な最低税率を低くても15％とする」ことが提案され、これにアメリカが合意したことから、実現性が高まっています。

また、法人増税の経済的な効果も考える必要があります。そもそも、法人は法的に法人税を納める主体ですが、法人は人間ではないので、実質的に負担するとは考えられません。**実際に税を負担するのはその株主や従業員、あるいは取引先です。つまり、増税は法人活動に関わる人々の負担を大きくすることにもつながるのです。**もし増税により利益が減れば、従業員の給与を下げたり、株主への配当を減らしたり、取引先との取引価格を引き上げるかもしれません。仮に法人増税するとしても、税率の引き上げより、特定の企業だけが恩恵を受ける租特の見直しなどが必要でしょう。

法人減税が増収につながった例も

これとは逆に、**税率の引き下げを行ったら税収が増えたという「法人税のパラドックス」の事例が欧米諸国で報告されています。**その理由として挙げられているのが「課税ベースの拡大」や「景気拡大による法人利益の増加」です。課税ベースとは課税対象の範囲のことですが、法人税は所得税と同様「課税対象額×税率」という計算式で決まるため、税率が下がっても、法人税の控除額を減らしたり課税対象の範囲を拡大すれば、法人税収を増やすことができるというわけです。

しかし、**日本ではこのパラドックスが生じにくいとも指摘されています**。なぜなら、赤字決算のため法人税を払わなくてもよい欠損法人（いわゆる赤字法人）の割合は、欧米諸国では3割から5割であるのに対し、日本では7割強であり、日本ではそもそも法人税を納めている法人が少ないからです。

法人税の減税・増税、いずれであっても、その経済的な効果をよく考えて、また実証的に分析することが必要です。

A 法人税は株主や従業員などが負担するのでその影響は単純ではない

収入の疑問
07

Q 減税と公共事業ではどっちが景気に効果的？

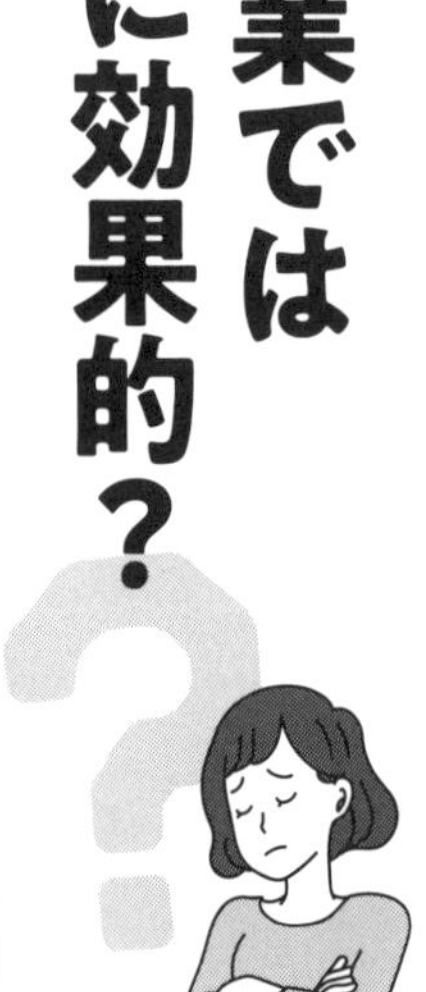

景気対策の経済効果を測る「乗数」

納税者の負担を軽減あるいは調整するために、政府が法律を改正して税額を引き下げることがあります。２０２０年の新型コロナウイルス感染症拡大により日本経済も深刻な不況に陥り、その影響を受けている個人や企業が多いことから、減税が期待されています。

しかし、実際に減税は景気回復にどれくらい効果があるのでしょうか？

減税や公共投資の効果を検討する際に用いられるのが「乗数」という数字です。これは、増減税や政府支出の増減が、ＧＤＰに及ぼす影響の度合いを表したものです。

減税も公共事業の増加も景気に対してプラスの効果がありますが、どちらが大きいかで

減税と公共事業における乗数効果の比較

減税による効果　個人所得税を名目GDPの1％相当分だけ継続的に減税した場合の実質GDPの伸び

1年目	2年目	3年目
0.23％	0.25％	0.26％

比較的効果が小さい！

公共事業による効果　実質の公共事業を名目GDPの1％相当分だけ継続的に増加した場合の実質GDPの伸び

1年目	2年目	3年目
1.09％	1.06％	0.98％

比較的効果が大きい！

出所：内閣府「短期日本経済マクロ計量モデル（2018年版）の構造と乗数分析」

しょうか？　公共事業が増えると需要が増加、つまり、その公共事業に従事する人の仕事が増えたり、必要な資材などを購入することになるので、経済活動が活発になります。政府支出にもいろいろありますが、特に公共事業に関する乗数が重要です。

この2つを比較してみましょう。内閣府が発表した資料によると、公共事業の場合、実質GDPを増やす乗数は、1年目は1・09％、2年目には1・06％になり、以降は減少します。

一方で所得税を減税した場合、実質GDPを増やす乗数は、1年目が0・23％、2年目は0・25％。租税乗数は、政府支出乗数よりも小さくなっています。つまり、**短期的な景気対策の効果としては、減税より公共事業のほうが優れているのです。ただし、公共事業の乗数そのものも、それほど大きくありません。**

手元のお金が増えても一部が貯蓄に回る

なぜ租税乗数のほうが小さくなってしまうのでしょうか。これは、**減税が行われ、自由に使えるお金が増えたとしても、一部が貯蓄に回るためです。**貯蓄に回ったお金は消費を増やさないので、結果、減税による景気回復の効果が薄くなってしまいます。ただし、公共事業とは異なり、国民個人に直接恩恵が及び、国民が自由にお金を使えるというメリットがあります。

2020年、全国民に一律10万円を給付する「定額給付金」の事業が行われました。こちらも、減税と同様に手元のお金が増えることになります。この定額給付金の効果について、会計簿アプリの提供する企業や早稲田大学らが同社の家計簿アプリユーザーを対象に調査を行ったところ、給付が始まってから数週間に渡り、ひとりあたりおよそ2万7000円分の消費が増えたことがわかりました。生活に困窮した人々にとっては慈雨となりましたが、少なからず貯蓄に回ったため、経済効果は薄くなってしまいました。

A 公共事業の経済効果は減少しているが減税より効果が大きい

一方、公共事業について考えてみましょう。公共事業の拡大によって期待される効果には、実際のインフラ整備による短期的な「フロー効果」と、インフラが十分に機能することによって生じる中長期的な「ストック効果」があります。道路工事の資材の生産や雇用の活発化がフロー効果。移動時間の短縮や快適性の向上がストック効果として挙げられます。つまり、**公共投資の拡大は、2種類の効果によって経済成長を促進することができます。**

ただし、公共投資は、本来経済成長の基盤整備のために行うものであり、景気対策のためではありません。また、すでにインフラが整っている日本において公共事業による乗数そのものは減少傾向にあります。たとえば、およそ50年前に東名高速道路ができた際は、これにより大動脈が整備されたため、大きな経済効果を生みました。一方、今建設している高速道路の多くは地方の山間部が多く、東名高速ほどの経済効果はないでしょう。

公共投資｜国や自治体が、道路・電気・水道といったインフラの整備などへ行う投資のこと

収入の疑問

08

Q 贈与税、相続税の税率が高いのはなぜ？

「富の再分配」と「所得税の補完」がキーワード

親の1億円の資産を子どもひとりが相続する場合、20年間かけて生前贈与を行った場合には合計1060万円の贈与税が、死後相続の場合には1220万円の相続税がかかります。贈与税や相続税では所得税と同様、累進課税制度が採用されており、取得金額に応じて最大55%もの税率が適用されます。そのため納税者からは「高すぎる」といった声も上がっています。

これらの税に高い税率が設定されているのはどうしてなのでしょうか？　それには大まかに2つの説があります。

贈与税・相続税の税率

相続税

課税価格	税率
～1000万円	10%
～3000万円	15%
～5000万円	20%
～1億円	30%
～2億円	40%
～3億円	45%
～6億円	50%
6億円～	55%

贈与税

課税価格（直系卑属）	課税価格（一般）	税率
～200万円	～200万円	10%
～400万円	～300万円	15%
～600万円	～400万円	20%
～1000万円	～600万円	30%
～1500万円	～1000万円	40%
～3000万円	～1500万円	45%
～4500万円	～3000万円	50%
4500万円～	3000万円～	55%

出所：国税庁

最高税率は所得税（45％）より高いんですね！

ひとつ目は「富の再分配」です。一般的に、相続する財産は通常の贈与よりも高額になると考えられます。そのような高額な財産をその子どもが相続すれば、その人だけが富むことになり、社会的な資産格差が固定化されます。それを防ぐために、高額な相続税をかけることでより多くの人に富を分配しているのです。

２つ目は「所得税の補完」です。これは、「高額な財産を所有しているのは、生前に税制上の特典や、負担の軽減などを受けていたから」という考えに基づき、税制上の特典や負担軽減を受けなければ納めていたはずの税金を、被相続人に代わって相続人が相続税を払うことで清算すべきだとするものです。

直系卑属　子・孫などある人より後の世代で直系の親族のこと。20歳以上の直系卑属への贈与は「特例贈与」といって贈与税が安くなる

相続税は控除額が大きい

基礎控除額

控除額 ＝ 3000万円 ＋（600万円 × 相続人の人数）

【たとえば5000万円を妻1人、子ども2人で相続する場合】

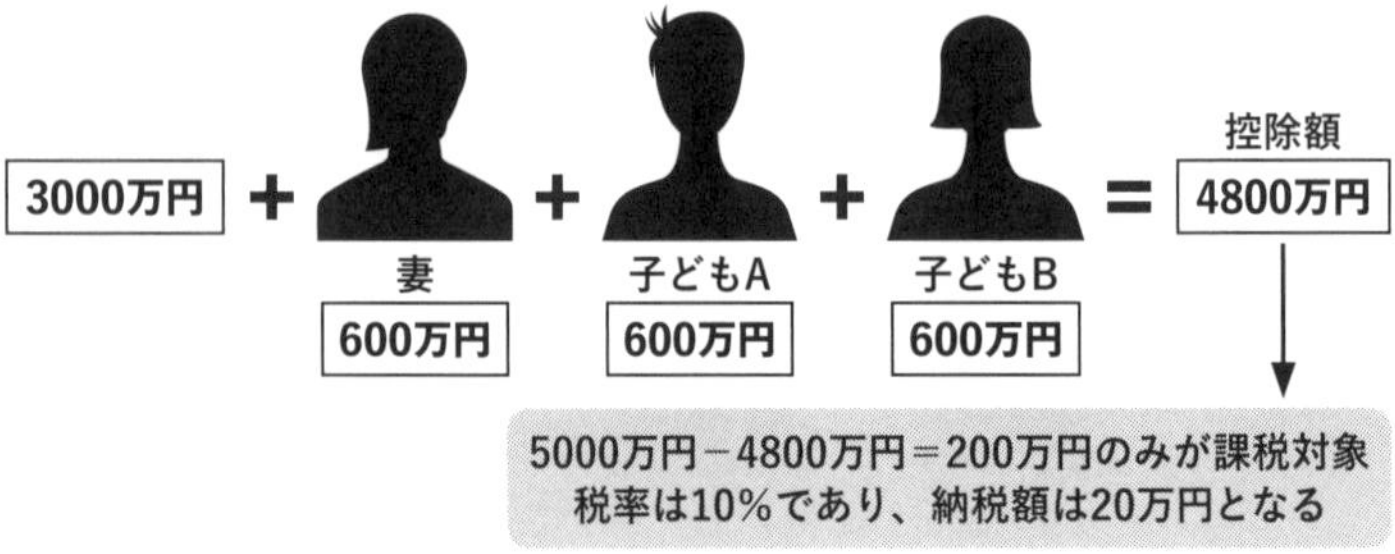

贈与税は相続税を補完するもの

一方、生前贈与にかかる「贈与税」が高いのは、贈与税が相続税の補完的な役割をもっているからです。**死後相続のみに高い税金がかかると、多くの人は「生前贈与であれば税金を払わなくて済む」と考え、あらかじめ財産を分配しておこうとするでしょう。**そこで、相続税が課税されない生前贈与についても贈与税を課すことで制度的に補っているのです。

ただし、それらは富裕層に税金をより多く負担してもらう発想であり、**一般的な家庭では相続税負担が少なくて済むようになっています。**

たとえば、妻と子ども2人で5000万円を相続し、このうち妻が50％、子どもが25％ずつ相続する場合、4800万円まで控除を受けることができます。4800万円からオーバーした200万円が課税対象であり、税率は10％となります。つまり、このケースでの納税額は20万円。資産家でもない限り、相続税は限定的です。実際、相続税の対象となった人の割合は2019年で8・3％でした。2014年から相続税が増税されましたが、その前は、その割合は4％程度にすぎませんでした。

富裕層から多くの税金を取ることで公平さが保たれますが、高い税率をかけすぎると、日本にあるお金がほかの国に移転するでしょう。結果として、日本で投資に回るお金が減る恐れがあります。相続税にもこうした難しさがあるといえるでしょう。

ただ、現在、贈与税には教育資金などの贈与を非課税にする特例措置があり、高所得者を優遇しているとの批判があります。そこで、アメリカやドイツなどと同様に、相続税と贈与税を統合し、同じ税負担とすべきと指摘されています。

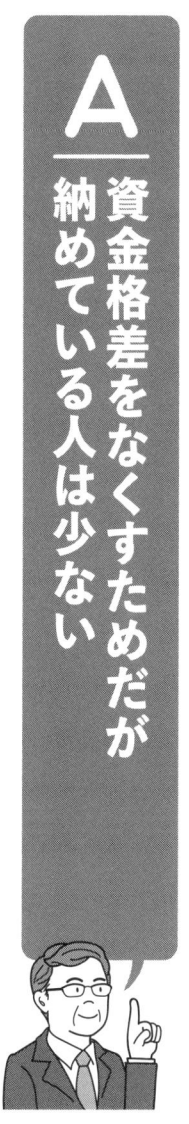

A
資金格差をなくすためだが納めている人は少ない

収入の疑問

09

Q 交通違反の罰金も国の収入になるの？

罰金は交通安全対策に使われる

駅前に放置し、撤去された自転車や、車で信号無視をしたときに切られる違反切符など、その引き取りや罰金などで支払われたお金は一体何に使われているのでしょうか？

意外かもしれませんが、**これらの反則金や罰金、放置違反金なども国の収入になります**。まず、交通法規の違反者から徴収されたお金は、国の特別会計のなかの「交付税及び譲与税配付金特別会計」に入ります。その後「交通安全対策特別交付金（特別交付金）」として、約3分の1が市町村に、残りは都道府県に交付され、さらに都道府県の公安委員会と道路管理者に配分されます。

公安委員会　警察法に基づき警察の管理・運営を行う行政委員会のこと

ときどき「交通違反金はそれを取り締まった警察の取り分になる」ということを耳にしますが、これは大きな間違いです。各自治体に配分される特別交付金は、「交通事故の発生件数」「人口集中地区人口」「改良済道路の延長」を目安に公安委員会に配分されます。そのため、たくさん取り締まったり切符を切ったりしたからといって、警察署にその分の特別交付金が支給されるわけではないのです。この特別交付金は、それぞれ市町村や都道府県、公安委員会や道路管理者による交通安全対策の一環として、信号機や道路標識の新設や補修、歩道橋やガードレール、救急車の設置などに用いられています。

交通事故ゼロで国の収入がなくなる？

２０２１年度の一般会計予算の歳入では、「懲罰及没収金」が約９３６億円と見積もられており、実際、毎年６００億～１０００億円程度の安定した収入があります。

しかし、この交通違反による違反金は近い将来ゼロになるのではないかともいわれています。近年、人間がハンドルを握らなくても自動で走行できる「自動運転車」が話題になり、国内でも日産自動車やホンダといった企業が熱心に開発を進めていますが、これが一般に普及すれば、「交通事故（違反）ゼロ」の未来が遠からず実現すると考えられます。

道路管理者　道路を管理（新設、維持・修繕、占用許可など）する主体のこと。高速自動車道路と一般国道は国土交通大臣、都道府県道や市町村道はその自治体の長である

反則金は交通安全対策に使われる

反則金のゆくえ

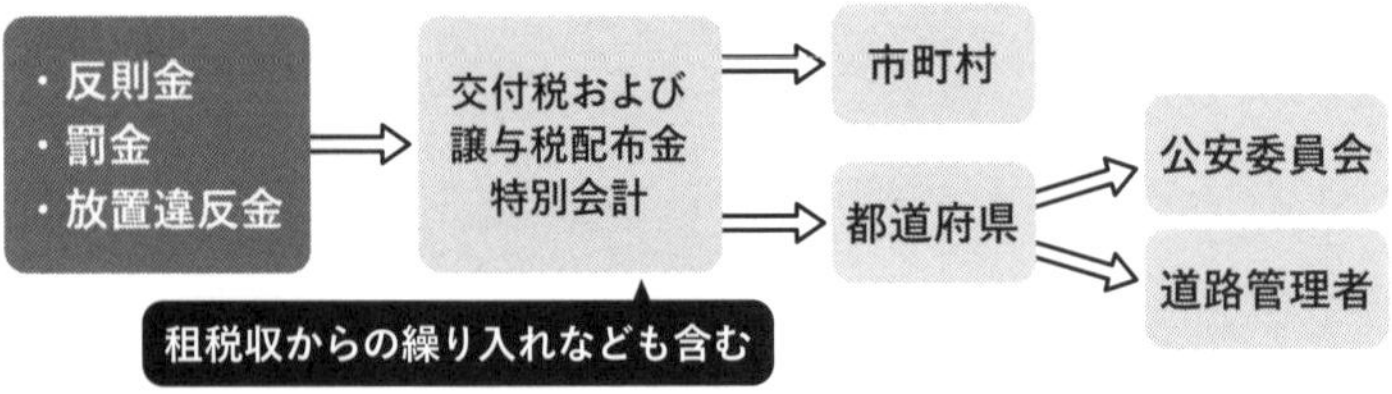

反則金の使い道

- **信号機の新設**（公安委員会）
- **道路標識の新設・補修**（公安委員会・道路管理者）
- **歩道橋の設置**（道路管理者）
- **ガードレールの設置**（道路管理者）
- **救急車の設置**（市町村・都道府県）

など

すると、これまで反則金や罰金によっていた歳入がなくなり、交通整備などの安全対策に使われる費用の財源もなくなってしまうのです。

　このような懸念があるとはいえ、交通事故ゼロは、国民が安心して暮らせる社会づくりのためにはぜひとも達成すべき目標です。そのため政府は、これまで通りに交通安全の促進に努めながらも、同時に、年間およそ600億～1000億円程度を計上していた交通安全対策費の財源調達方法について考え直さなければなりません。

　交通違反の罰金に代わる手段としてたびたび提案されているのが「ガソリン税の増税」です。しかし、このガソリン税も近い未来なくなるといわれている財源のひとつです。近年は地球環境の改善のための取り組みが活発化しており（102ページ参照）、その一環として、「電気自動車（EV）」の開発が進んでいます。この調子で普及が進むと、将来的にはガソリン車がなくなると予想されるため、それまでガソリン税によって得ていた約2兆9000億円の歳入が確保できなくなってしまうのです。

このガソリン税に関しては、2017年9月に石油連盟の木村康会長が「電気自動車もガソリン車と同じ道を走っているため、相応の負担をする必要がある」と言及したことをきっかけに、**燃料の種類に関係なく走った距離に対して一律に税金が課される「走行税」を採用すべきだといった主張も現れました**。

しかし、地方在住で車以外の移動手段がない人々の負担が増加することや、自動車走行のデータを政府へ提出することへのプライバシーの問題など検討しなければならないなどの課題が山積みであるため、この議論は先送りとなっています。

A 罰金も税収のひとつ ガソリン税の行方も問題に

EV 「Electric Vehicle」の略で、蓄電池を電源とする電動モーターで走行する自動車のこと。日本では1960年代の公害問題などを受けて開発が開始された

収入の疑問

10

Q 国や自治体の土地はなぜ安く売られるの？

大きな話題となった森友学園問題

2016年から2018年ごろにかけて報道された森友学園問題は大きな話題となりました。2016年6月、森友学園に小学校用地として大阪府豊中市の国有地が売却されましたが、**9億5600万円の鑑定価格に対して売却価格が1億3400万円という価格であったため、国内に大きな波紋を呼びました。**

もともと当該の土地では2012年までに土壌の汚染や大量のがれきが見つかっており、国や市がさまざまな工夫を試みても売却が難しい状況にありました。2015年に森友学園の借地となった際、土壌改良および大規模なゴミ撤去工事が行われています。

ところが、2016年3月、学園は、新たに地下3メートル以上のところに新たに大量のゴミが見つかり、撤去の必要があると報告しました。その結果、土地の価格からゴミ撤去にかかるとされる8億円が値引きされ、学園側に売却されることとなったのです。

とはいえ、実際のゴミの撤去に8億円もかかるかどうかは別の話で、人によって見解が異なるところです。この問題を複雑にしているのは「政治的な意図があったかどうか」という点で、長らく議論の中心となっていました。この件に限ると、「ゴミを撤去する費用」「政治的な意図」の2つがポイントとなります。

東京オリンピックの選手村問題

2021年の東京オリンピックで新たに建設された選手村跡地が「晴海フラッグ」というマンションとして売却されるというニュースでも、価格の安さが話題となりました。

選手村とは、オリンピック選手がオリンピック開催期間に滞在する施設で、その跡地は分譲マンションとして入居希望者に売却されることになっています。もともとは都有地で、2016年末に三井不動産など大手不動産会社11社が買い取り、各社がそこに住宅を建設して売るという流れになっています。注目を集めたのは、払い下げの価格です。当時1㎡

払い下げ　官公庁などがそれまで管理していたものを民間に売り渡すこと

国有財産（公有財産）のしくみ

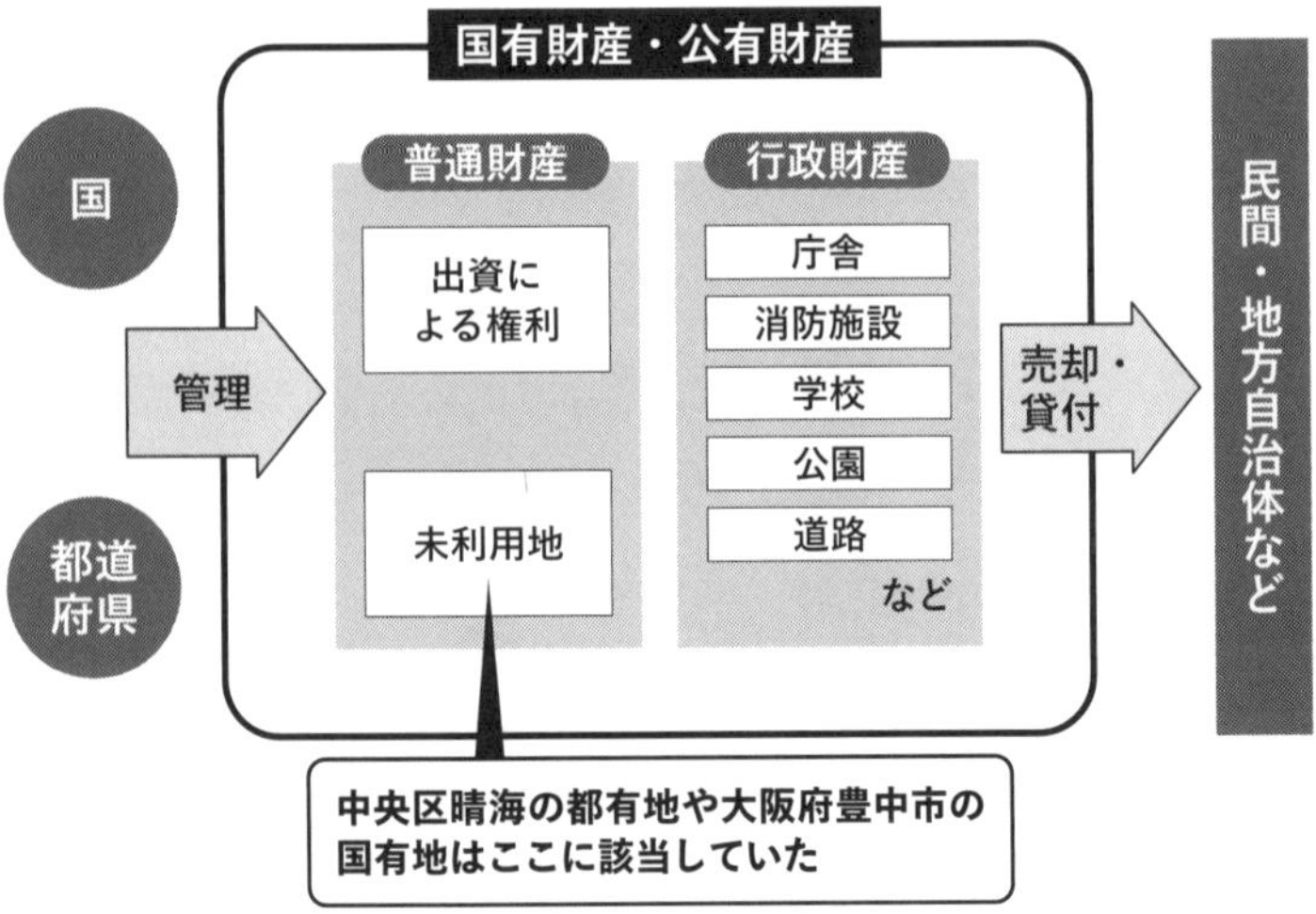

あたり9万6784円と、同じ晴海地区の土地に比べて10分の1以下の価格であり、近隣住民からは安すぎるのではないかと疑念の声が上がっています。

2017年には、都民が東京都を相手取り、前知事らに適正価格との差額の賠償を求める訴訟を起こしています（裁判継続中）。

しかし、事業者に選手村の建築を委託しているという、安価で売却され得る理由もあります。買い手の業者にとっては、土地を買う費用と選手村をつくる費用は莫大なものになります。そこで、**買い手の業者が選手村の建築を行い、建築費を負担することが、土地の価格に反映されているといえるでしょう。**

ちなみに、晴海フラッグの例のように、国や都が民間に土地を払い下げることで得られた収入は一体何に使われるのでしょうか？

そもそも、国有地や都有地はそれぞれ「国有財産」と「公有財産」に該当します。これらには土地や建物のほか、船舶や工作物、航空機なども含まれますが、この売却や貸付による収入は「国有財産売払収入」や「公有財産売払収入」に組み込まれ、国や都の歳入に計上されます。このほか、政府保有株式の売却による収入などもあります。つまり、**貸し付けや売却により歳入が増えることから、国や都としては積極的に活用していきたいものなのです**。

国有財産の実際の売却収入は、２０１９年度で５３３４億円でした。２００４年度には、３８１３億円もありました。また、貸付収入は、２０１９年度３６２億円でした。貸付収入は、毎年度３００～４００億円と安定的に推移しています。

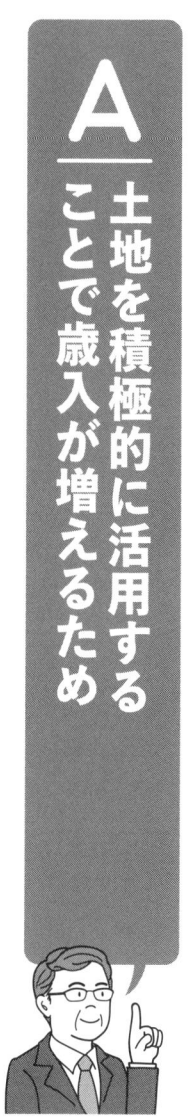

A 土地を積極的に活用することで歳入が増えるため

収入の疑問

11

Q SDGsが進んでCO_2排出に税金がかかる?

SDGsの取り組みが広がる

「SDGs」とは、「Sustainable Development Goals（持続可能な開発目標）」の略で、**地球環境や自然環境を損なわず人類が持続的に繁栄できる社会を実現するために国連が定めた国際目標のことです。**17の目標とそれを達成するための169のターゲットがあり、たとえば「エネルギーをみんなに。そしてクリーンに」という目標に対して「2030年までに、世界のエネルギーミックスにおける再生可能エネルギーの割合を大幅に拡大させる」といった基準が掲げられています。

最近では、トヨタ、旭化成、アサヒビールをはじめ、多くの企業がSDGsに熱心に取

エネルギーミックス　石油・石炭・原子力など複数の発電方法を組み合わせること

り組んでいます。たとえば、旭化成では独自に「サステナビリティ推進委員会」を置き、2030年までに工場の電気を賄う発電用設備において石炭の火力発電をゼロにすることを掲げています。

また、**環境省による地球温暖化対策の取り組みとしては、2012年10月から施行された「地球温暖化対策のための税（以下、温対税）」があります**。これは、原油・天然ガス・石炭といったすべての化石燃料の利用に対し、CO2の排出量に応じた税率を課すものです。段階的に税率が引き上げられ、現在では1トンあたり289円となりました。輸入に対して課されている税のため、一般家庭が直接この税を納めることはありません。

日本は炭素税収の使い道が狭い

こうした、炭素を含む化石燃料の消費に課す税金を「炭素税」といいます。国は、この炭素税導入によって3つの効果を見込んでいます。ひとつ目が「価格インセンティブ効果」です。CO2の排出量に応じて課税されることで、企業はなるべく環境に優しい製品やサービスをつくるようになります。後に価格競争が激しくなれば、消費者としても安価なものを購入するため、自然とCO2の排出量が少ない製品が普及します。2つ目が「アナウン

諸外国での炭素税の制度概要

国名	導入年（年）	税率（円／トンCO2）	税収規模（億円）	税収の使い道
日本	2012	289	2,600	省エネ対策、再生可能エネルギー普及など
フィンランド	1990	9,625	1,818	所得税引き下げや企業の雇用にかかる費用軽減
スウェーデン	1991	14,400	2,660	労働税の負担軽減や低所得者の所得税引き下げ
ノルウェー	1991	7,092	1,613	年金基金に繰り入れ
デンマーク	1992	3,035	601	政府の財政需要に応じて支出
スイス	2008	10,752	1,416	建築物改装基金への充当や国民や企業への還流
アイルランド	2010	4,188	544	赤字補てんに活用
イギリス	2013	2,538	1,262	政府の財政需要に応じて支出
フランス	2014	5,575	10,250	輸送関係のインフラ整備、再エネ電力普及など
ポルトガル	2015	2,990	119	政府の財政需要に応じて支出
カナダ（ブリティッシュコロンビア州）	2008	3,280	1,379	所得税の減税など

出所：環境省「諸外国における炭素税等の導入状況」「炭素税について」

スメント効果」です。地球環境が深刻な状況にあることを呼びかけ、そのための取り組みの重要性を企業や個人に認識してもらう効果があります。３つ目が「財源効果」です。炭素税による税収を自然エネルギー対策などに用いることで、さらにＳＤＧｓの促進をはかることができます。

炭素税は日本以外の国でも取り入れられていますが、それらと比較すると**日本はかなり低い税率しかかけられていません**。特に北欧諸国では１９９０年代前半に導入されており、スウェーデンの税率は２０２１年時点で１トンあたり１万４４００円と高額です。また、日本より導入が遅れたポルトガルの２９９０円、フランスの5575円に比べても、日本の289円がはるかに低い税率だとわかります。

しかし、今後SDGsの考え方が広まれば炭素税も増税されるのかというと、現時点ではそれは考えにくいです。日本ではまだ議論が十分になされているとはいえず、加えて2019年に消費増税が行われたばかりだからです。実際、2020年12月に発表された「2050年カーボンニュートラルに伴うグリーン成長戦略」では、取り組みの重要性こそ強調されましたが、増税についてまでは言及されませんでした。

もし増税するとしても、その使途は、社会保障などにも充当することが考えられます。というのも、**ヨーロッパ諸国では炭素税収は一般会計に繰り入れられ、社会保障費などにも充当されていますが、日本では省エネ対策や再生可能エネルギーの開発にしか使われていません**。使い道を広げて、増税について国民の理解が進むのであれば、真剣に検討するべきでしょう。いずれにせよ、グリーン成長戦略を推進するのであれば財源が必要であり、政治は、エネルギー業界などを説得するように努力しなければなりません。

A 国民の理解を得るための議論が不十分のため炭素増税は未定

カーボンニュートラル | 二酸化炭素の排出を抑える、または、排出した二酸化炭素と同じ量を吸収、または除去することで、排出を全体としてゼロにすること

収入の疑問

12

Q NHKの受信料は国の歳入なの？

公平中立な番組づくりのため受信料が必要

ＮＨＫ（日本放送協会）といえば誰もが知るテレビ局ですが、その受信料をめぐってはときどきニュースなどで「支払催促」や「民事訴訟」といった衝撃的な出来事が報じられることがあります。しかし、このような報道を目にすると、民間放送（民放）は無料なのに、どうしてＮＨＫの受信料は支払わなければならないのかと思うかもしれません。実際、誰もが納めることになっているＮＨＫの受信料に関しては、同じく国民全員が負担することになっている消費税や所得税のように国の歳入になるのではないかと考えられがちです。

しかし、結論からいうとそれは間違いです。そもそも、ＮＨＫは放送法に基づいて設立

NHKは主に放送事業を手掛ける特殊法人

NHKの位置づけ

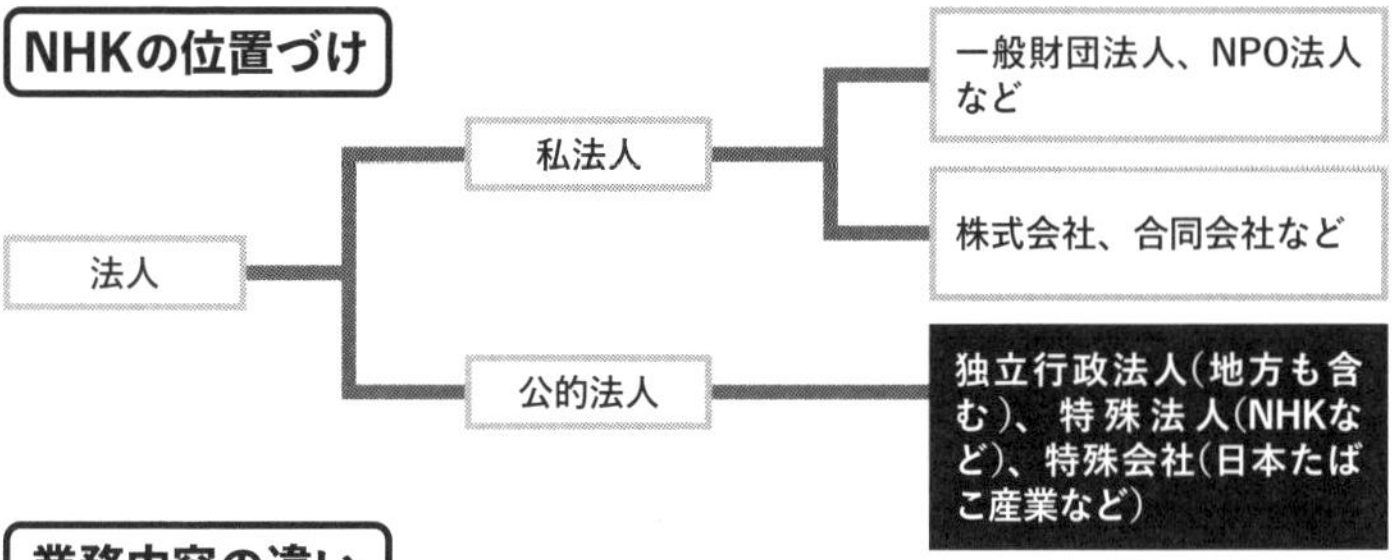

業務内容の違い

国内放送
国内居住者向けのテレビ・ラジオ放送を行う(総合テレビ・Eテレ・BS1・FMなど)

国際放送
外国人などに向けたテレビ・ラジオ放送を行う(NHKワールドJAPAN)

放送研究と調査
放送と受信の進歩発達に必要な調査研究を行う(NHK放送文化研究所)

された「特殊法人」であり、**ＮＨＫが行う公共放送は国が直営する国営放送とは明確に区別されています。**その予算には国会の承認が必要であることからやや特殊ではありますが、国の業務を代行しているわけではなく、あくまで自主的な運営を心がけるよう定められているのです。つまり、**ＮＨＫに支払われた受信料が国の歳入になることはあり得ません。**

それでは、受信料を支払うのはどうしてなのでしょうか？ **ＮＨＫは公正中立な番組づくりを徹底するために、民放のように特定のスポンサーから収入を得ることはできません。**そこで、国民から受信料という形でお金を受け取ることによって運営を成り立たせているのです。

特殊法人　その事業が国家的・公共的性格をもつために、特別の法律により設置される法人。国の事業の一部を代行し、国の監督のもと可能な限り自主的に運営する

ＮＨＫの受信料は税金ではなく、未払いに対する罰則規定もありません。そのため「払う義務はないのではないか」と考える人もいます。しかし、実際には受信料は必ず支払わなければならないことになっています。なぜなら放送法では、「協会（ＮＨＫ）の放送を受信できる受信設備を設置した者」、つまりテレビなどを設置する世帯や事業所は例外なくＮＨＫと受信契約を結ぶよう定められているからです。

ＮＨＫは国際的な役割も果たす

冒頭でも述べたように、ＮＨＫが得た収入は国の財源にはなりません。税金や懲罰金のように国の歳入となることは一切ありません。それとは逆に、**国からＮＨＫへと資金が交付されることがあります**。たとえば、２０２１年度予算における事業収入約６９００億円の内訳を見てみると、受信料約６７１４億円に加えて、国からの交付金約38億円があります。全体から見るとさほど大きな割合を占めてはいませんが、国家予算からＮＨＫへと少なからずお金が支給されています。

では、**この約38億円は何に使われているかというと、国際放送の資金となっています**。

国際放送とは、外国の受信者を対象とした放送のことで、世界の人々の日本に対する理解を深め、文化的交流や経済的交流の発展を促し、国際親善や人類の福祉に資することを目的としています。グローバル化が進む昨今では、国の重要な施策や国際問題に関する政府の見解などをいち早く国外に発信する必要があるのです。また、海外に住む日本人や日本人旅行者に対して、日本で起きた大規模な事件や事故、災害の情報を迅速に提供する、ライフラインとしての役割もあります。

このような国際放送事業を実際に担っているのが「NHKワールドTV（現・NHKワールドJAPAN）」です。1995年に開局し、当初はヨーロッパや北アメリカ向けに放送を行っていましたが、徐々にアジア・太平洋地域、アフリカ南部地域でも視聴可能になるなど、現在では世界中をカバーしています。

このように、NHKはできる限り国から独立した経営を行うことを旨としていますが、その業務は国にとっても重要なものとなっているため、**設立や運用方法などが法律に規定され、必要に応じて国から交付金などの援助を受けています**。

A 受信料は国の歳入ではないが国から交付金をもらっている

収入の疑問

13

Q GAFAは日本に税金を納めていないの？

「恒久的施設」の有無が基準

Google・Apple・Amazon・Facebookなどの企業（頭文字を合わせてGAFA）は、今日では知らない人はいないほど世界的に有名な存在です。しかし、**これらの企業は莫大な利益を上げる一方、租税負担を回避していることが問題視されています**。ここではAmazonを例に解説します。

2009年、東京国税局がAmazonに対して約140億円の追徴課税を行ったことがニュースになりました。国際課税のルールとして、**事業を行なう一定の場所である「恒久施設（PE）」が重要な課税根拠であり、これを国内に持っているかで課税の条件が変**

租税回避の構図（Amazonの場合）

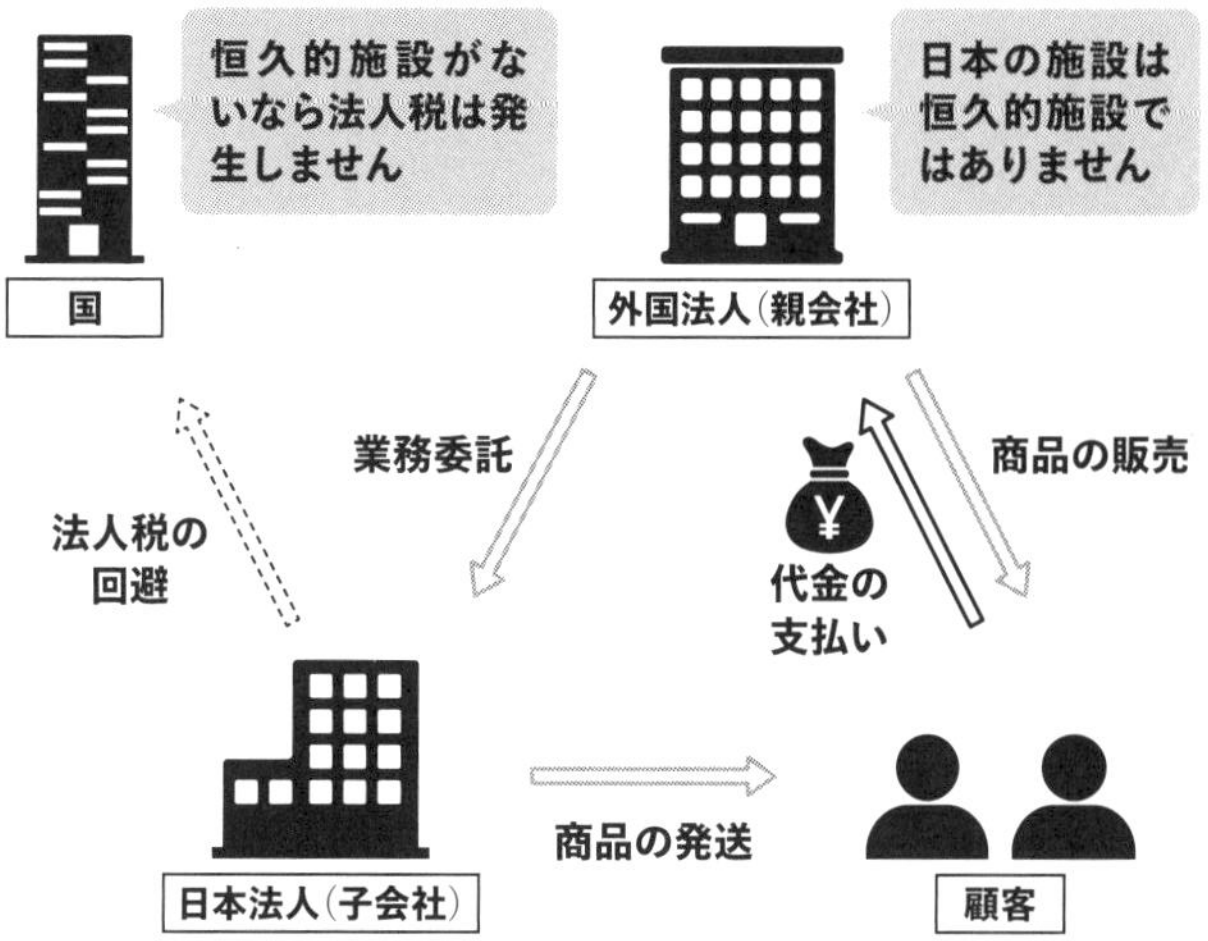

わります。

　これについてＡｍａｚｏｎ側の主張は、「日本には課税の根拠となる恒久的施設をもたず、日本に法人税を納める義務はない」というもの。国税局は、国内の流通センターは単なる倉庫以上の機能を有することから恒久的施設と判断しましたが、Ａｍａｚｏｎ側は納得しなかったため日米間の相互協議にまで発展しました。結局、２０１８年には日本国内における通販業務の契約主体が外国法人から日本法人に変更され、翌年までの２年間で計３００億円が納付されました。

　こうした事例はＡｍａｚｏｎだけに限りません。たとえばＦａｃｅｂｏｏｋは法人税の低いアイルランドに支社を置き、多額の広告収益を計上していましたが、2020年にアメリカ合衆国内国歳入庁（IRS）は約90億ドルの税金の未払いを理由に同社を告訴しました。IRSによれば、Facebookは2010年から2016年にわたって租税回避を続けてきたといいます。

アイルランドに子会社を置いて法人税を回避する方法は「ダブルアイリッシュ」と呼ばれます。**GoogleやAppleは、これにオランダの税制を組みわせた「ダブルアイリッシュ・ウィズ・ダッチサンドイッチ」という手法で租税回避を続けてきました。**先述のアイルランドの税法とタックスヘイブンを使い、子会社を外国企業扱いにして法人税をゼロにしたり、アイルランドとオランダの間で結ばれている租税条約を利用し、源泉税なしでお金を送信したりするという、各国の税制を組み合わせた合法的な手法です。

国際企業は各国の税制の相違を活用

しかし、このようなスキーム（しくみ）が成り立ってしまうのは一体なぜなのでしょうか？ **ポイントは、「無形資産」を海外の会社に移転することにあります。**無形資産とは、特許、商標、著作権などのことです。アイルランドに子会社をつくり、その子会社に研究成果や特許、商標などの無形資産を移転します。さらに、このアイルランドの子会社の管

タックスヘイブン　租税回避地、低課税地域。法人税や所得税がゼロ、または極めて低い国や地域のこと

理機能をタックスヘイブン国に置くことで、アイルランドの税制上、同国での法人税がゼロになるのです。日本としては、こうした事態を避けるためにも、諸外国と協議したうえで、それぞれの業務実態に即した課税が適切に実施されるように努めるべきでしょう。

２０１８年ごろからは、Ａｍａｚｏｎは納税回避から方向転換しつつあります。外国法人のままでは日本の医薬品や医療機器の販売に参入できないなど、事業展開に不利になることが理由としてあげられます。なお、アイルランド政府は税制の優遇措置を廃止したため、現在ダブルアイリッシュは利用できません。

また、オンライン取引などに対するデジタル課税が複数の国で導入されています。たとえば、イギリスは、２０２０年４月からソーシャルメディア・サービス、オンライン・マーケットなどを提供する大企業の収益に対して２％を課税しており、年間５億ポンドの税収を見込んでいます。ＯＥＣＤでも、デジタル課税のルールづくりについて検討が進められています。

A 合法的に租税回避を行っていたが納税が強化されている

収入の疑問

14

Q 復興特別所得税はいつまで払うの？

復興特別税には3種類あり、それぞれ期間が違う

所得税は税金のなかでも身近な存在ですが、私たちは通常の所得税に加えて、「復興特別所得税」という税金を払っています。２０１１年の東日本大震災での被害は未だに大きく残り、復興には莫大な費用がかかります。**この復興に必要な財源を確保するための追加課税が、「復興特別税」です。**復興の財源を確保するために導入され、復興施策に必要な費用、復興債の償還に必要な費用として使われる特定財源です。

復興特別税は所得税、住民税、法人税のそれぞれに課せられます。２０１１年に、「復興財源確保法」が公布・施行され、２０１２年に復興特別法人税、２０１３年に復興特別

復興税の種類

名称	税額	期間
復興所得税	所得税額の**2.1%**	2013年から**2037年**まで
復興法人税	法人税額の**10%**	2012年から**2014年**まで
復興住民税	都道府県民税に**500円**、 市町村民税に**500円**追加	2013年から**2023年**まで

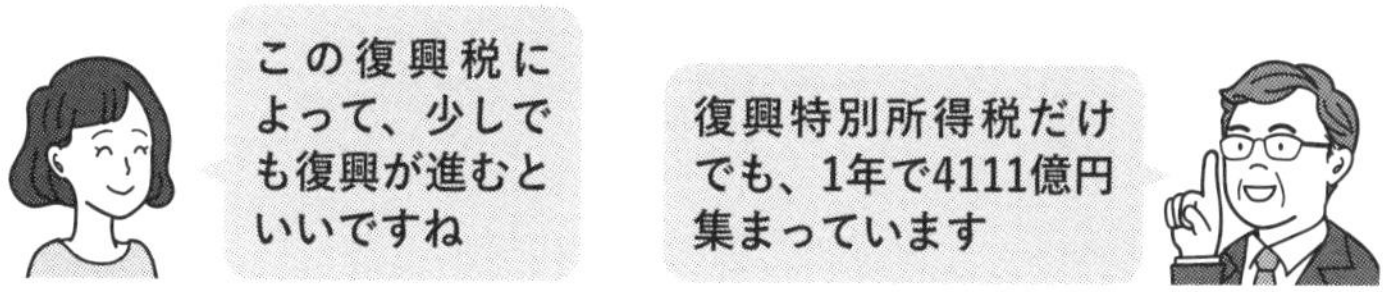
この復興税によって、少しでも復興が進むといいですね
復興特別所得税だけでも、1年で4111億円集まっています

所得税が実施されました。２０２０年度当初予算では、復興特別所得税の税収４１１１億円が特別会計として計上されています。

復興特別所得税は、個人で所得税を納めている人すべてに納税の義務があります。税率は、通常の所得税額に２・１％をかけたものです。

復興特別法人税は、基本的にすべての法人の所得に対して課税され、人格のない社団なども課税対象に含まれます。税額は通常の法人税額×10％で算出されます。**これらの税金は「東日本大震災特別会計」に組み入れられています**。

また、復興特別税は住民税にも課税されています。そもそも住民税は、所得の額によって変わる「所得割」の部分と、全員が同じ金額である「均等割」の部分に分かれています。**復興特別税は後者の「均等割り」に対して課税がされます。**均等割りでは、道府県民が１５００円、市区町村民税は３５００円の税額が課せられますが、道府県民税と市町村民税にそれぞれ５００円、合計１０００円の復興特別税が上乗せされています。これらは地方自治体が実施する防災事業の財源になっています。

復興特別税は一時的なものであるため、それぞれ期間が決められています。**所得税は、2013年から2037年までの25年間、住民税は、2013年から2023年までの10年間です。**法人税については、当初は３年間を予定していましたが、１年前倒しの廃止が決まり、２０１２年４月から２０１４年３月までの２年間で廃止されました。この廃止は、アベノミクスが掲げた、法人税率の引き下げなど成長戦略の一環と位置付けられらます。与党の資料では、「足元の経済成長と賃金上昇につなげる」と説明されています。

復興財源の使い道には流用疑惑も

この税金や財源の使い道に関しては、「復興」の概念からかけ離れた使用があるとして問題にもなりました。**2013年には、被災者のための雇用対策事業の予算2億円のうち**

約1億円が被災地以外で使われていたことが報じられました。そのほかにも、復興施策以外で復興予算が使われることがたびたびあり、問題になりました。

復興基本法第1条の目的規定である「復興の円滑かつ迅速な推進と活力ある日本の再生を図る」という文言が、復興に直接関係のない事業への流用の多発につながりました。「日本の再生」に資する事業であれば、認められるからです。財務省と復興庁は2013年に、今まで復興財源として23事業に配分された基金の返還を要求しました。しかし、最終的に返還された額は、要求のあった1兆円のうち約3398億円に留まり、約7割は返還されないままとなっています。

「復興施策の財源を確保するため」という目的を掲げ、追加で課されているこの復興特別税。所得税と住民税に関しては今も課税が継続されています。予算使用の透明性は常に課題となっていますが、復興に限定した予算である以上、より厳格な管理が必要です。

A 復興所得税は2037年まで 復興住民税は2023年まで

収入の疑問

15

Q 国ごとにどんな税金を徴収しているの？

食習慣改善のための税

これまで所得税など主要な税金について話をしてきましたが、それ以外にも多くの税金があります。たとえば、国レベルでは、関税、酒税、たばこ税、地方レベルでは、固定資産税、不動産取引税、ゴルフ場利用税、入湯税などがあり、国・地方を合わせると50弱ほどの種類があります。また、２０１９年には国際観光旅客税が導入されました。これは、船や航空機で海外旅行に行く際、出国1回につき１０００円がチケット代に上乗せされるもので、独立した国税としては27年振りとなる新税です。環境や観光資源の整備、２０２０年東京オリンピック・パラリンピックの財源などに使われる目的税です。

諸外国にもユニークな税金があります。

たとえば、ハンガリーでは２０１１年９月から「ポテトチップス税」が施行されています。課税対象はスナック菓子、クッキー、炭酸飲料など塩分や糖分が高い食品など。たとえば、ハンガリーでは、糖分や脂肪の摂り過ぎによる健康被害が増え、ＯＥＣＤの肥満比率において上位に食い込む状況になっていました。つまり、この制度は国民の食習慣の改善と肥満率の低下を狙っているわけです。

国内産業を保護するための税

関税には、国内産業の保護という政策目的があり、毎年約１兆円の税収があります。

日本では、海外から輸入する農作物の一部に高い関税をかけています。これは海外の安い農作物から国内の農家を保護するためです。日本の農産品の平均税率自体は高くありませんが、米には１キロ４０２円、こんにゃく芋は１キロ３２８９円の高い関税（２０２１年４月時点）がかけられています。こんにゃく芋の輸入価格は１キログラムあたり９５６円。１キロあたりの税額を輸入価格で割ると、こんにゃく芋には３４４％の税率がかかることがわかります（２０１８年財務省発表の資料をもとに計算）。

こうして日本は国内の農家を守っているわけですが、高い関税をかけすぎると、ときに国家間で摩擦を生むこともあります。米中貿易摩擦がその一例です。これは、アメリカのトランプ政権（2017年〜2020年）において、中国から輸入される鉄鋼製品に関税をかけたことから始まります。

安価な中国製の製品が大量にアメリカに入ってくることを問題視したトランプ大統領は、中国製品に対し、2018年から関税の賦課および引き上げを繰り返し行いました。すると、中国はアメリカの関税引き上げに対し、報復措置としてアメリカからの輸入品に高い関税をかける政策を取りました。このように、お互いが高い関税をかけ合う「貿易戦争」が発生したのです。

日本にとって米中ともに大切な貿易相手なので、米中の貿易摩擦は他人事ではありません。たとえば、アメリカに輸出される中国製品には日本製の部品が使われるものが多いため、実質的には日本製品にも高い関税がかかり、日本企業の売上が落ちてしまいます。

A 各国はそれぞれの事情に応じて さまざまな税金を徴収している

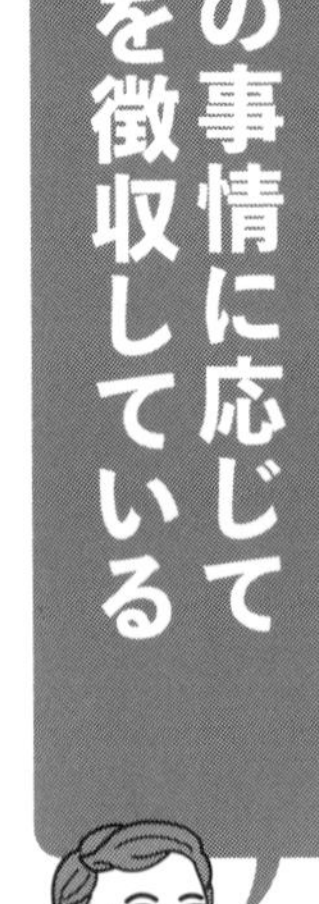

PART

3

支出の疑問

──財布の紐は誰が握っているの？

国は、どんな事業にどれくらいお金を使っているのでしょうか？　本PARTでは、東京オリンピックやコロナ対策にまつわる経費のほか、支出の最大項目である社会保障の問題について解説します。

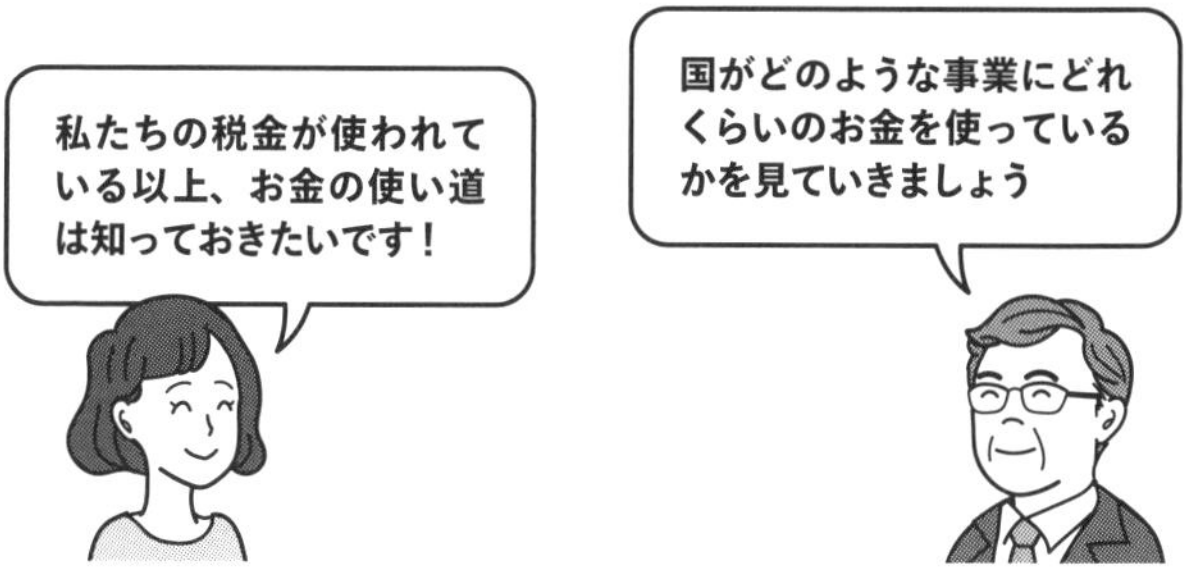
私たちの税金が使われている以上、お金の使い道は知っておきたいです！
国がどのような事業にどれくらいのお金を使っているかを見ていきましょう

支出の疑問

国の支出について知ろう！

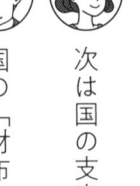

次は国の支出ですね！　お金がどう使われるかを知りたいです！

国の「財布の紐」は、一般的に財務省が握っていると思われやすいですが、実際には族議員（特定の政策分野に強く、関係省庁や関係業界などの便宜・利益をはかって働き掛ける国会議員）や省庁などが強い影響力を持っています。与党の有力政治家が財務省に予算の増額を求めると、財務省でも拒否できません。もし財務省がそうした圧力をはねのけていれば、今のような赤字や債務残高にはなっていなかったでしょう。

えっ！　てっきり財務省かと思っていました！

実際に、安倍政権で消費増税が2回延期されましたが、それは官邸のごく一部で決定され、財務大臣は蚊帳の外でした。

うーん、難しいんですね……。

とはいえ、国の歳入はもともと私たちのお金ですし、借金もいつかは国民の負担になります。国のお金がどう使われているのか、私たちも知っておくべきことですよね。

そうですよね。私も納税者ですし、国のお金の使い方がわかるようになりたいです。

その意気です。このPARTでは、国が集めたお金がどのように使われているのかを解説します。

よろしくお願いします。公共工事の費用や公務員のお給料についても知りたいし、新型コロナウイルス対策や東京オリンピックなど、最近の事情についてもいろいろと知りたいです！

支出の疑問

01

Q なぜ予算は年度中に使う必要があるの？

2つの原則によって予算がつくられる

財源に決して余裕があるとはいえないなか、余った予算は来年度や貯金に回せばいいのに、と考える人も多いでしょう。しかし、国や自治体の予算会計制度では、予算の使い方について制約があります。それが**「予算単年度主義の原則」と「会計年度独立の原則」です**。「予算単年度主義」は「予算は年度ごとに作成し、国会が毎年会計年度予算を議決する」という原則です。もし来年の予算まで先に決めてしまったら、来年の国会審議の意味がなくなります。**適切な予算編成であるかを毎年話し合って決めるために、この原則があるのです**。

単年度予算主義・会計年度の独立の意味

❶予算単年度主義

予算はその年度ごとに決め、年度中に使う必要がある	なんのため？ ⇨	**適切な予算かどうかを毎年度審議して決めるため**	**憲法第86条に記載**

②会計年度独立の原則

ある年度にその前・後の年度の予算を使うことはできない	なんのため？ ⇨	**その年度のお金の出入りをはっきりさせるため**	**財政法第12条、42条に記載**

28ページでも解説しましたが、予算案は各省庁からの要求見積もりをもとに必要なものを財務省が判断して作成され、国会の審議を通して成立します。毎年必要なものを審議してお金の使い道を確認することで、財源の適切な使用につながるのが単年度主義の原理です。

その一方で、予算が節約されにくくもなります。**当初の予算より節約できると、次の年度では予算が減らされる懸念が生じるからです。**「この事業の予算が去年は余ったのだから、今年は減らしていいよね」と判断されてしまうと、いざ必要なときに予算が足りなくなりかねないので、各省庁は余らせるよりも使い切ろうとします。

「会計年度の独立の原則」は、各年度の経費は、その年度における歳入によって調達する、という考え方です。財政法12条は、その年の経費をその年度の歳入をもって支弁する、つまりその年の「収入」で支払うとしているため、今年使うものを買って、その代金を来年の歳入から支払うことはできません。また、財政法42条によって、ある年度の歳出を翌年度に使用することもできません。

そもそも、会計年度が分けられているのは1年ごとにお金の出入りを明確にするためです。今年度の予算を来年度に使うなど、会計年度を超えてお金を使うと、1年間の歳出と歳入の関係がわからなくなります。

翌年に予算を繰り越せる例外的な制度

予算単年度主義や会計年度の独立によって財政の計画性や健全性が保たれる一方で、これらの原則に固執すると、**複数年度にまたがった事業を円滑に進められなくなるという弊害もあります**。

たとえば、今年度中に完成するはずだった工事が何らかの事情で来年度に延びる場合、今年度に不要になった予算をいったん返納し、それを来年度予算に改めて計上するのは面

財政法12条　「各会計年度における経費は、その年度の歳入を以て、これを支弁しなければならない」

A 財政の民主的統制や健全性を維持するため

倒です。こうしたことから、単年度主義の原則の例外として、①歳出予算の繰越、②国庫債務負担行為、③継続費、という3つの制度が導入されています。

いずれも、国会の決議を経て翌年度以降（②は原則5年以内、③は最長5年間）の支出が認められるのですが、①の繰越には、あらかじめ年度内に事業が終わらないことが見込まれるケース（繰越明許費）と、止むを得ない事情によって事業が遅れたケース（事故繰越）があります。繰越の例としては、２０１９年補正予算に計上された「個人番号カード利用環境整備費補助金」があります。この事業は、同年10月に行われた消費増税による景気下落の防止が目的であり、民間のキャッシュレス決済事業者を活用し、「マイナポイント」を対象の消費者に付与する事業です。

ただし、こうした繰越制度はあくまで例外的な措置です。裏を返せば「なるべく予算を繰り越さないのが原則」という解釈にもなります。そこから考えると、繰越制度の存在が「予算は年度内で使い切るべき」という考え方の根拠ともいえます。

財政法42条　「繰越明許費の金額を除く外、毎会計年度の歳出予算の経費の金額は、これを翌年度において使用することができない」

支出の疑問

02

Q 公共工事にはどのくらいお金を使っているの？

用途が決められている財源

公共工事とは、国や自治体が発注して道路や橋などの整備を行うことです。道路や橋などの工事は生活するなかで目につきやすいので、税金の使い道として、まっさきにイメージする人も多いでしょう。

では、その費用はどれくらいで、どのようなしくみで賄われているのでしょうか。

税収などによる財源には2つの種類があります。**使い道が決められていない一般財源と、使い道が決められている特定財源です。このうち、公共工事には主に特定財源が使われてきました。**公共工事のうち、道路についてはガソリン税、LPG自動車に使われる石油ガ

ガソリン税　「揮発油税及び地方揮発油税」の総称

スに対する石油ガス税などの自動車に関する特定の税金から捻出されています。つまり、主に自動車を利用する人が負担する税金で道路の整備を行うのです。

ほかに、空港の整備にかかる費用は、特定財源である航空機燃料税と一般財源からの繰り入れで賄っています。そのほか、**公園や水道、廃棄処理施設、都市環境整備といった公共工事は国庫補助金から賄われています。**

また、公共工事は、建設国債で賄うことが財政法の例外措置として認められています（同法第4条の但し書きが根拠）。道路などは将来の世代も便益を享受できることから、借金により将来世代にも負担を求めることに合理性が認められるからです。ただし、この例外規定は、効果の乏しい公共工事も借金で増やしかねない問題があります。

公共事業の予算は比較的小さい

特定財源は一般財源とは違い、特定の税から集め、決められた用途にしか使うことができません。たとえば、道路工事を減らしてその費用が浮いたとしても、ほかの用途に回すことはできないのです。

道路は特定財源でつくられているといいましたが、実は、２００９年から道路特定財源

公共事業関係費（一般会計）の推移

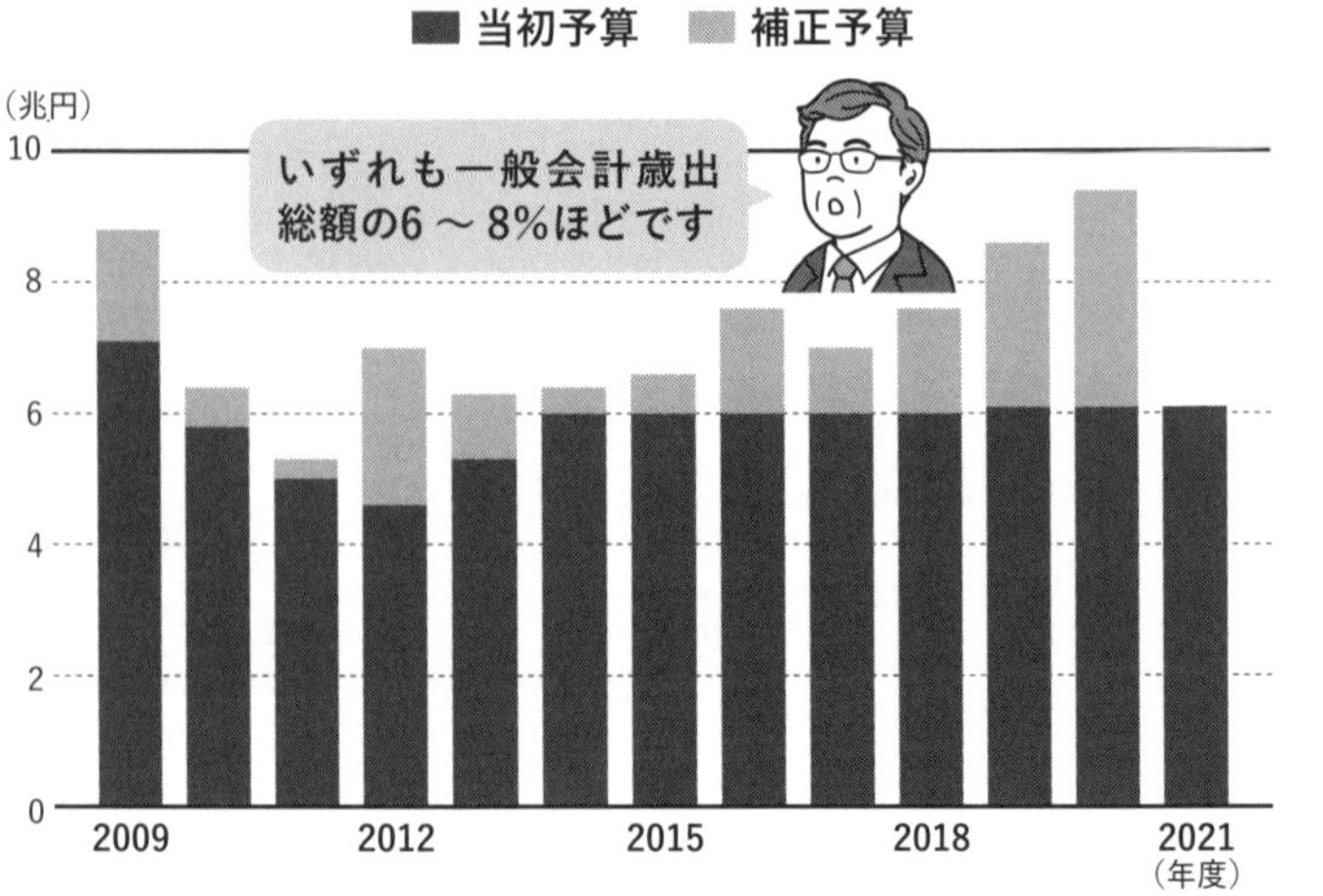

※予算ベース

出所：国土交通省

は廃止され、一般財源化されました。もともと道路特定財源が導入されたころの日本は、戦後復興期で、十分なインフラが整っていませんでした。そのため、急いで公共インフラを整える必要があり、その需要の高まりに応えるために特定財源からの歳出で公共工事を行っていたのです。

ですが、近年では国内のインフラ環境が整備されてきたため、特定財源の必要性が低下しました。

予算全体における公共事業関係費の割合はあまり大きくありません。２０２１年度における公共事業関係費は６・１兆円であり、一般会計歳出総額の５・７％ほどです。それ以前の年度で同様の計算しても、約6〜8%ほどにすぎません。

公共工事を巡る最近の動きとしては、2013年、議員立法で成立した「国土強靱化法」があります。これは、東日本大震災の教訓を踏まえ、インフラの整備（老朽化対策を含む）、迅速な避難・人命救助の体制確保、防災教育の充実、国の中枢機能のバックアップなどに取り組むとしています。

特に、老朽化対策が大きな課題になっています。2012年12月、中央自動車道上り線笹子トンネル（山梨県大月市）にて天井板と隔壁板が落下し、自動車3台に乗車していた9人が死亡したことは記憶に残っています。2018年時点では、建設されてから50年以上たつインフラの割合が、73万カ所ある道路橋のうち25%、1万カ所超あるトンネルのうち20%あると報道されました。また、**2021年度の予算では、「将来を見据えたインフラ老朽化対策」として8356億円の予算が計上されました。**今後は、インフラの劣化がこれ以上進む前に修繕を行うことが重要です。

A

公共工事の予算は一般会計歳出総額の6〜8%ほど

支出の疑問

03

Q 公務員の給料は高すぎませんか？

民間と均衡が保たれるよう調整されている

公務員といえば、リストラ、倒産といったリスクも低く、給与額も安定したイメージが強いため、民間企業よりも給与が多いとしばしば指摘されます。実際にどれくらいの官民差があるのでしょうか？

公務員の給与は、法律によって決まっています。**民間企業従業員の給与水準を基準とし、国家公務員の給与がそれと大きく乖離しないよう、人事院が内閣と国会に対して「官民の給与の差が大きいため、給与法を改訂しましょう」という勧告を行います。**勧告を受けた政府は、給与法を改正することで、官民の差が開かないようになっています。

国家公務員給与と民間給与の比較

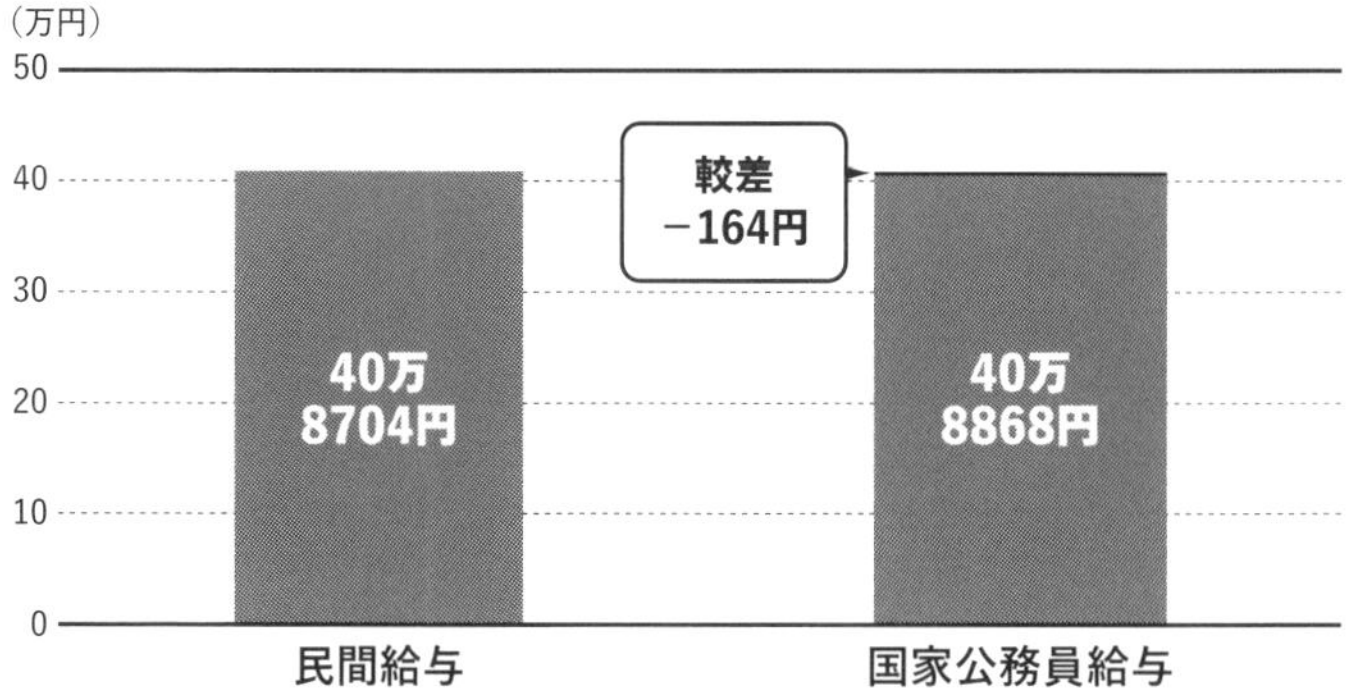

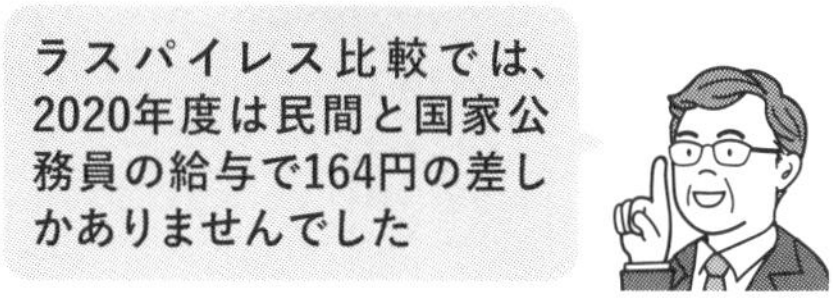
ラスパイレス比較では、2020年度は民間と国家公務員の給与で164円の差しかありませんでした

出所：人事院「給与勧告の仕組みと本年の勧告のポイント（令和2年10月）」

国家公務員のモデル給与（２０２０年度人事院勧告後）としては、大卒で一般職に採用された場合、初任給は18万２２００円、年間給与は２９８万６０００円程度となります。その後、35歳で係長に昇任した場合、月給は27万３６００円、年間給与は４５４万４０００円、50歳になり本府省課長クラスになると月給74万９４００円、年間給与は１２６５万９０００円……と給与が上がっていき、**府省のトップである事務次官の年間給与は、２３３７万４０００円になります。**

これらの給与の金額は、賞与なども含まれ現実に近いものですが、あくまでも職務と年齢に基づくモデルです。

冒頭で述べたように、国家公務員の給

人事院　国家公務員法に基づき、人事行政に関する公正の確保及び国家公務員の利益の保護等に関する事務を担う中立・第三者機関与は民間の給与水準と大きく離れないよう調整されています。両者の給与を比較し、その差を解消するように国家公務員の月給モデルを改訂しているのです。

両者の給与を比較する際には、単純に給与額の平均値を使っているわけではありません。年齢、役職などの条件が異なれば、両者の平均を比較しても意味がないためです。

そこで、**ラスパイレス比較という方法を使って給与を比較しています**。この計算方法では、企業規模50人以上の民間企業を対象に、「役職段階」「勤務地域」「年齢」「学歴」といった給与に影響を与える要素別に、国家公務員給与と民間給与の平均を算出・比較します。たとえば、「役職段階」のうち係長クラスについて、勤務地域、学歴、年齢別の国家公務員の平均給与と、これと条件を同じくする民間企業の平均給与を比較するのです。

公務員の給与も景気で変わる

人事院は、毎年、国家公務員と民間企業の給与を調査して、国家公務員の給与と相違があれば、内閣と国会に対して給与勧告を行います。また、ボーナスについても民間の直近1年間の賞与実績をもとに検討し勧告します。いずれしても、公務員の給与も景気によって変動するのです。

２０２０年度は新型コロナウイルス感染症の拡大を考慮して、例年より調査時期を遅らせて民間給与の実態調査を行いました。ラスパイレス比較の結果、**民間の給与は40万８７０４円、国家公務員の給与は40万８８６８円と算定され、両者の差が１６４円とわずかでした**。そのため改定はなく、ボーナスのみ０・０５月分引き下げることとなりました。これは、２０１４年以来、７年ぶりの減給です。

最近の人事院勧告に基づく国家公務員の平均年間給与は、２０１４年に７・９万円、２０１５年に５・９万円、２０１６年と２０１７年に５・１万円、２０１８年に３・１万円、２０１９年に２・７万円と引き上げられてきましたが、２０２０年は２・１万円引き下げられました。年間支給月数（ボーナス）も、２０１４年から２０１９年までは、毎年０・05から０・15月分増加していましたが、２０２０年は０・05月分引き下げられた結果、年間支給月数は、２０１９年の４・49月から４・45へ減少しました。

A　条件が同じ民間企業との比較では高すぎるというわけではない

支出の疑問

04

Q オリンピックの経済効果で本当に財政は潤うの？

大会開催によってインバウンド消費の増加などを狙っていた

2021年の東京オリンピック開催をめぐっては、これまで度重なる議論のなかで何度もお金の問題が言及されてきました。開催したところで日本経済や国の財政に実際どれほどの影響があるのかと疑問に思った人も多いことでしょう。

たしかに、過去に開催されたオリンピックの経済効果を分析すると、観光客の増加や雇用誘発により、大きな利益がもたらされたことがわかります。笹川スポーツ財団の「スポーツ白書」によれば、1998年開催の長野オリンピックでは約225万人の観光客の呼び込みに成功し、運営予算1030億円に対して2兆3244億円もの経済効果があったと

経済効果　新たな需要によって消費活動などが増え、他産業へ影響が及ぶこと

されています。

また、国の歳入を増加させる方法として、コロナ禍となる前まで、政府は訪日外国人旅行者の消費（インバウンド消費）を増やそうとしてきました。そのために総力を挙げて取り組んできたのが、２０２０年の東京オリンピック開催だったのです。

オリンピック開催による効果は2種類

オリンピック開催による経済効果は、２０１７年に東京都が試算しています。**開催にあたってどれだけ需要が増えたのか（需要増加額）を「直接的効果」と「間接的（レガシー）効果」の2種類に分けて計算しており**、前者を「大会開催に直接的に関わる投資・支出により発生する需要増加額」、後者を「大会後のレガシーを見据えて実施される東京都内での取り組みを抽出し、施策ごとのシナリオに基づく需要増加額」と説明しています。

直接的効果は、大会開催後も使用できる施設（恒久施設）の整備や大会参加者・観戦者支出を含め約2兆円。間接的効果は、選手村の後利用や観光需要の拡大などを含め、約12兆円とされました。直接効果のうち、施設整備費などは東京オリンピック開催のためのコストであり、一般的に認識される経済効果とは定義が異なることも考えられますが、その

レガシー　日本語で「遺産」のこと。ここでは建築物や雇用など、オリンピック開催によって生じ、次の世代に受け継がれる有形または無形の遺産を指す

オリンピック開催による需要増加額の内訳と雇用誘発数

直接的効果

項目	需要増加額
恒久施設整備費	3500億円
仮設施設整備費、輸送、セキュリティなど	1兆600億円
大会参加者・観戦者支出、家計消費支出、企業活動費など	5690億円
合計	**1兆9790億円**

約2兆円

間接的効果

項目	需要増加額
新規恒久施設・選手村の後利用、大会関連交通インフラ整備など	2兆2572億円
スポーツ実施者・観戦者の増加、障害者スポーツの振興の増加など	8159億円
観光需要の拡大、国際ビジネス拠点の形成、中小企業の振興の拡大など	9兆1666億円
合計	**12兆2397億円**

約12兆円

雇用誘発数

項目	雇用誘発数	
	東京都	全国
直接的効果	20万6676人	30万6265人
レガシー効果	108万9376人	163万2674人
総計	**129万6052人**	**193万8939人**

出所：東京オリンピック・パラリンピック準備局

開催後にもメリットがあるんですね！

オリンピック延期などによる経済損失

延期・中止などによる経済損失

1年延期	約6408億円
開催の簡素化	約1兆3989億円
無観客開催	約2兆4133億円
開催中止	約4兆4151億円

出所：宮本勝浩 関西大学名誉教授による試算

感染拡大が経済損失に大きな影響を与えています

金額が企業に支払われていることに違いはありません。

また、こうした需要は、次々と新しい需要を生み出し、経済全体に影響を及ぼします。**上記の需要がどれだけ経済全体に影響を与えるか（経済波及効果）の試算は、東京都だけで約20兆円。全国では約32兆円と算出されました**。また、雇用誘発数は東京都で130万人、全国で約194万人とされています※。

しかしながら、観客数の制限などで入場料収入は激減。また観光客の増加も東京オリンピック開催期間中はもちろん、その後1年は厳しい状況が続きます。となると、**観光客増などを見込んだ間接的効果は大きな減額が見込まれます**。

また、オリンピック・パラリンピック開催の経済波及効果については、関係機関は過大に見込む傾向もあります。施設整備や管理運営などに投じたコストを上回る便益の部分が経済効果とすると、経済波及効果は小さくなるでしょう。

A 経済効果は全国で約32兆円とされていたが減少が見込まれる

※試算の対象期間は、招致が決定した2013年から、大会10年後となる2030年まで

支出の疑問

05

Q 東京オリンピック延期で国の負担は増えたの？

感染症拡大前の国の負担は1500億円

２０２１年に開催が延期となった東京オリンピック。延期にともなう経費や新型コロナウイルス感染症対策など、さまざまな点で論争の的になりました。**この巨大な世界的イベントであるオリンピックの開催には、開催国や都市の財源も大きく関わります。**オリンピックの財源は、大きく分けて大会組織委員会の収入と国や開催都市の公費で構成されています。

コロナ禍以前、２０１９年12月での発表では、ＩＯＣの負担額を除く経費の総額は１兆３５００億円とされ、そのうち**大会組織委員会の負担は６０３０億円、東京都が５９７０**

組織委員会　オリンピックの運営監督を目的とした公益財団法人

億円、国が１５００億円でした。

ちなみに、ＩＯＣの収入源は主に放映権料と、ＴＯＰスポンサー企業の協賛金です。一方、大会組織委員会は、ＩＯＣから受け取る負担金、ＴＯＰスポンサーと国内スポンサーの協賛金、ライセンシング、チケット売上を財源としています。そのなかでも収入の柱となるのは国内スポンサーからの協賛金です。

組織委員会の財源不足を都が負担

２０２０年３月、新型コロナウイルス感染症の流行により東京オリンピックの延期が決定しました。同年12月には、延期決定後の予算が発表され、**延期発表前に比べて予算が２９４０億円増加した１兆６４４０億円になることがわかりました。**

追加した予算の使い道は、選手への検査といった新型コロナウイルス感染症対策費の９６０億円、延期によって会場を再契約するための費用、人件費といったコロナ関連以外の１９８０億円となっています。

大会組織委員会は一定の増収を見込んでいるものの、延期で増えた予算を賄えるほどではありません。

TOPスポンサー企業　TOPとはThe Olympic Partnerの略。TOPスポンサー企業とは、IOCと直接的にスポンサー契約を交わしている企業のこと

東京オリンピック延期に伴う費用の変化

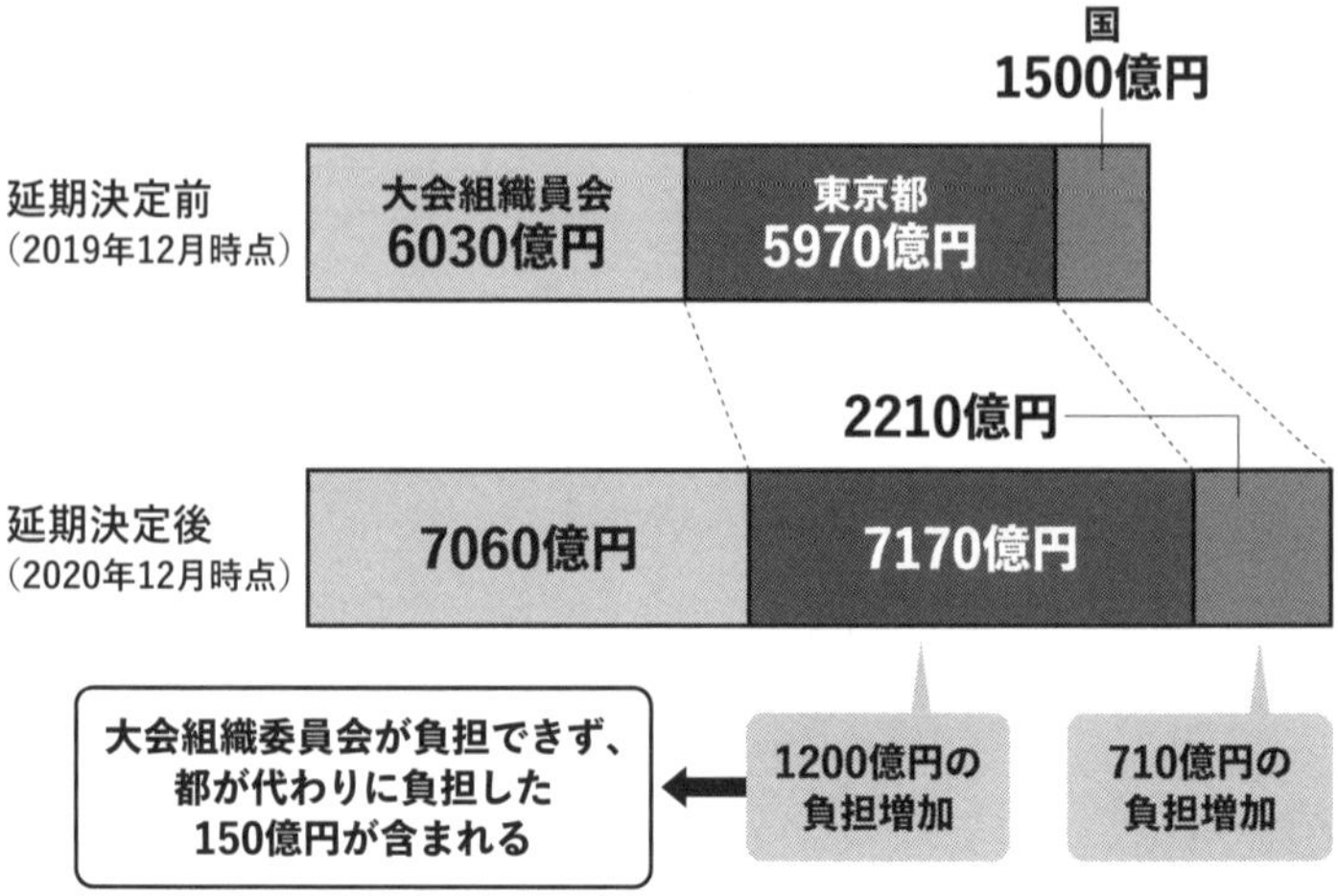

出所：東京2020オリンピック公式ウェブサイト、読売新聞を元に作成

増収額は、損害保険金の受け取り、スポンサーの追加協賛金、寄付金などを合わせた760億円。前述の収入（IOCから受け取る負担額など）を含めても財源が不足するため、**不足分を「収支調整額」として東京都が150億円負担することになりました。**

しかし、東京都の資金力も乏しくなりつつあります。都の「貯金」である「財政調整基金」の残高は2020年度末時点で2511億円ほどあると見込まれていたものの、感染症対策などに使ったため、2021年度末には21億円の残高になる見通しです。オリンピック関連の経費がこれ以上増加するとなると、都債に頼ることになるでしょう。

都が負担できない金額は、国が負担することになっています。延期に際する国の追加の負担は７１０億円。こうした国の負担増は、税金や国債の発行によって賄われていると考えられるため、負担が増えるほど、そのしわ寄せは国民が被るともいえます。

東京オリンピック延期によって、国が７１０億円、都が１２００億円に及ぶ支出増となりましたが、首都圏をはじめとする会場が無観客試合になったことで観客数が大きく減少し、さらに追加負担が生じる可能性があります。

ちなみに、招致が決まった２０１３年から２０２１年度までに計上した国の東京大会関連予算は、２０２１年１月の時点で累計約３９５９億円に上ります。

A　国の負担は７１０億円増加し、客数減少などでより増える見込み

支出の疑問

06

Q コロナ対策給付金など突発的な経費の財源は？

必要に応じて補正予算が組まれる

新型コロナウイルス感染症対策給付金やＧｏＴｏトラベル事業など、コロナ禍ではさまざまな事業にお金が使われました。こうした事業を実施するための予算があらかじめ確保されていたわけではありません。当初予算編成後に生じた事由に対応するため、年度途中に編成されるのが「補正予算」であり、今般のコロナ対策もそれにより賄われました。

新型コロナウイルス感染症が流行した２０２０年度は、４月30日に第１次、６月12日に第２次、１月28日に第３次補正予算が成立しました。

第１次、第２次の一般会計の補正予算では、国民一律10万円の給付や家賃の補助、中小企業対策、感染症対策などに総額60兆円近くを投じました。第3次補正予算では、感染防止対策に加え、ＧｏＴｏキャンペーン事業の延長など収束後の経済構造の転換や、防災などの国土強靭化などにも支出が計上されました。この3回の補正予算で、２０２０年度の一般会計歳出の総額は過去最高の１７５・７兆円になりました。

ちなみに、当初予算、補正予算、一般会計、特別会計という似た言葉が並ぶとわかりにくいですが、国の会計には、一般会計と特別会計があり、それぞれに当初予算と補正予算、そして決算があります。たとえば、第1次補正予算では10万円の定額給付は一般会計に計上され、テレワークの導入などを行う企業への「働き方改革推進支援助成金」は特別会計に計上されました。

「補正予算」の財源の大半が国債

使途が決まっている目的税を除けば、個別の歳出が税金で賄われているのか、国債で賄われているかはわかりません（ただし、公共事業の多くは建設国債で賄われています）。

しかし、**今回のコロナ対策は補正予算に計上され、ほとんどが国債の発行で賄われました。**3回の補正予算により、国債発行額は約80兆円追加されました。特にコロナ禍のよう

2020年度の予備費使用についての主な実績（2021年3月23日現在）

5月	学生支援緊急給付金	531億円
	医療用マスク・ガウン等の優先配布	1680億円
8月	持続化給付金	9150億円
9月	ワクチンの確保	6714億円
	医療提供体制の確保	1兆1946億円
	個人向け緊急小口資金等の特例貸付等	3361億円
10月	雇用調整助成金の特例措置	4391億円
12月	ひとり親世帯臨時特別給付金	737億円
	Go To トラベル	3119億円
	更なる病床確保のための緊急支援	2693億円
3月	子育て世帯生活支援特別給付金	2175億円
	新型コロナウイルス感染症対応休業給付金	294億円

出所：財務省「令和2年度一般会計新型コロナウイルス感染症対策予備費使用実績」

な緊急性の高い支出には国債が重要な財源になりますが、その一方で次世代に大きな負担を残してしまうという懸念もあります。

新聞報道によると、２０２０年度のコロナ関係予算は30兆円あまり使い残され、大半が２０２１年度に繰り越されるようです。特に第3次補正は1月に成立しており、そもそも年度内の執行に無理があったのです。迅速かつ大規模な対応が求められていたとはいえ、補正予算は過大だったといえるでしょう。

機動的に使える「予備費」

すべての経費はあらかじめ使途を決め

て、事前に国会の承認を得る必要がありますが、その例外として「予備費」があります。これは「予見し難い予算の不足にあてるための経費」とされ、予算成立後において新規に経費が必要になったときなどに使われます。

その特徴は「総額については審議を経るものの、実際の使途・支出額は国会の事前承認を経ず内閣の責任で決められる」という点です。ただし、予備費によって支払った経費を説明する資料を、国会（次の常会）に提出して、その承諾を得る必要があります。

２０２０年補正予算でも、第１次補正予算では１兆５０００億円、第２次では10兆円の予備費が計上追加されました。ただし、国会での審議を軽視しているという野党からの批判が上がったため、予備費の大まかな使い方については補正予算案の審議において説明されています。

A 補正予算で国債を追加発行することが多い

支出の疑問

07

Q コロナ対策の１０８兆円何に使ったの？

世界最大級とされたコロナ対策の事業規模の実態

２０２０年４月、新型コロナウイルス感染症拡大によって打撃を受けた日本経済を立て直すため、国は総額１０８兆円規模の緊急経済対策を実施すると発表しました。それにより、全世帯への布マスク配布や生活困窮世帯への現金30万円の給付（のちに一律10万円の給付に変更）、ＧｏＴｏキャンペーンなどが行われました。**この１０８兆円という数字は日本のＧＤＰの約２割に相当し、国内において過去最大の事業規模でした。**

しかし、この１０８兆円すべてが国の支出というわけではありません。事業規模とは、経済対策全体の金額を指す言葉であり、事業の実施にあたって民間が負担しなければなら

2020年4月の緊急経済対策と第1次補正予算

財政支出と事業規模の違い

財政支出に金融機関や民間のお金を合わせたものが事業規模

財政支出
国の支出
地方自治体の支出
財政投融資

＋

・金融機関の融資
・民間企業が拠出する資金

➡ **事業規模**

緊急経済対策（2020年4月7日発表時点の金額）

	財政支出	事業規模
2019年度総合経済対策の未執行分	9.8兆円	19.8兆円
緊急対応第1弾・第2弾での対策分	0.5兆円	2.1兆円
新たな追加分	29.2兆円	86.4兆円
合計	**39.5兆円**	**108.2兆円**

出所：内閣官房「「新型コロナウイルス感染症緊急経済対策」について」

第1次補正予算（一般会計）

●4月7日発表➡歳出額16.8兆円（うち緊急経済対策に**16.7兆円**）

⬇

●4月20日に再決定➡25.6兆円（うち緊急経済対策に**25.5兆円**）

●再決定後の緊急経済対策の財政支出は**48.4兆円**、事業規模は**117.1兆円**にないお金や、企業が納めるべき税や社会保険料の支払い猶予分が１０８兆円の中に含まれているのです。猶予ということは一時的に払わなくてもよいだけで、国民や企業の負担が減るわけではありません。その分を差し引くと、**１０８兆円のなかで国の財政支出は、37・5兆円、地方の財政支出は2兆円です。**

この事業規模は、しばしば「見かけ倒し」と批判されます。しかし、事業規模の数字を使って経済対策の全体的な効果を考えるのか、それとも財政支出のみの効果を考えるのか、それぞれ意味が違います。

使い道に批判が集まる

政府が発表した事業のなかには「希少金属（レアメタル）備蓄対策事業」など、新型コロナウイルス感染症拡大とは直接関係がない経費が多く盛り込まれているとして批判が上がりました。経済対策の裏付けとなる補正予算は、何に使うかより、政治的な理由によって規模が先に決まることが度々あります。その結果、各省庁や関係議員は予算や支出の効果を考えず、理屈をつけて自分たちの予算を増やそうとします。財務省も、総額を確保するため各省庁に予算の「タマ」を出す（予算を積み上げる）ように指示します。

ただ、予算の必要性はその立場によっても変わります。たとえば、先ほどのレアメタルでいえば、今後輸入が困難になることを想定して、備蓄対策事業が必要になると説明しています。レアメタルは自動車・電気・航空・宇宙など幅広い分野で利用され、関係業界にとっては非常に重要な資源です。

とはいえ、医療施設の支援や疾病対策に用いられるべき予算が必ずしも十分とはいえないなかで、医療以外の歳出を増やし、事業規模を膨らませるような姿勢には疑問が残るかもしれません。２０２０年末、医療従事者のボーナスカットが報道され反響を呼びましたし、同時期には、日本医療労働組合連合会から「国の支援が必要」と指摘されたことにより、医療機関への支援が不十分ではないかという世論が強まりました。

後の第２次補正予算によって「医療提供体制等の強化」という名目で支援交付金、医療機関への医療用マスクの配布などの資金２兆９８９２億円が投下されることとなりましたが、現在でも病床の不足、ワクチンの接種といった課題がまだ残っています。

A 経済対策として布マスク配布や給付金などに使われた

日本医療労働組合連合会 | 病院や診療所、福祉施設などの産業別労働組合

支出の疑問

08

Q PCR検査が増えると社会保障費が増えるの？

医師の指示なら保険が適用される

社会保障の中心は医療や年金などの保険です。それに加え、社会保障費は政府の裁量で金額を決められない「義務的経費」です。たとえば、医療機関で保険適用の診療を受ける人が増えれば、社会保障費が自動的に増加します。

2020年の3月から、被検者の自己負担分が公費によって負担されることとなり、PCR検査の費用が無料になりました。医師が必要だと判断した際に、指定された医療機関でPCR検査を受けることができます。

この場合、初診料や処置料などの諸費用は通常通り3割が自己負担であるものの、検査

PCR検査の費用負担のしくみ

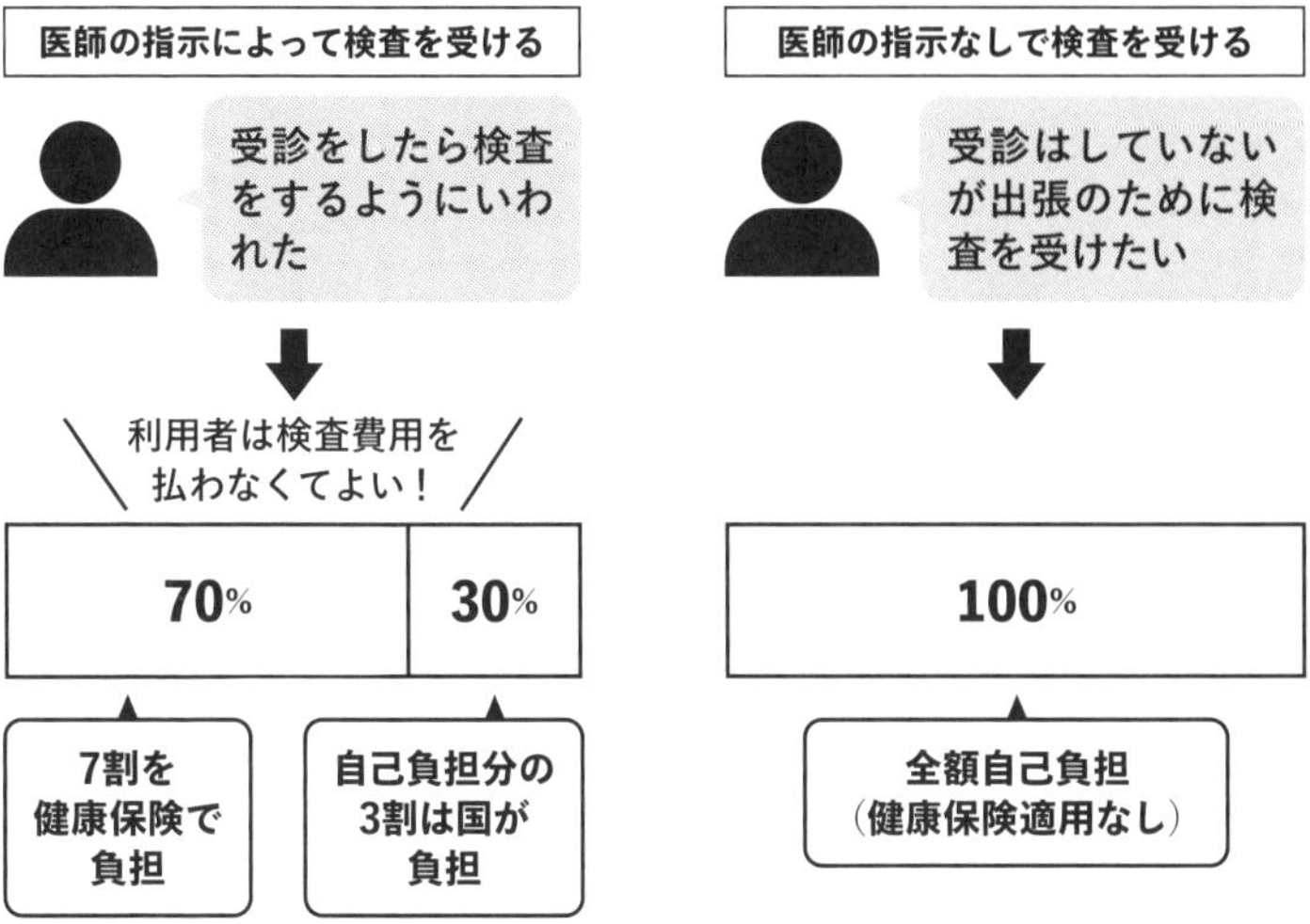
医師の指示によって検査を受ける
受診をしたら検査をするようにいわれた
利用者は検査費用を払わなくてよい！
70%
30%
7割を健康保険で負担
自己負担分の3割は国が負担
医師の指示なしで検査を受ける
受診はしていないが出張のために検査を受けたい
100%
全額自己負担（健康保険適用なし）

費用については自己負担がありません。**費用の7割は健康保険によって負担され、残りの3割が国の特別措置として公費によって賄われるのです。**結果が陽性でも陰性でも関係なく無料です。といっても、**これは国が税金で立てかえるようなもので、最終的には国民が負担することになります。**

自分の希望で検査を受ける場合は保険が適用されません。症状がなく、医師の指示以外で検査をする場合、数千円〜数万円の検査費用は自分で負担することになります。

2020年度第3次補正予算では、PCR検査における国の負担分として、672億円が計上されました。

ただし、2020年以降は新型コロナウイルス感染症と関係のない症状で病院に行く人が大幅に減ったため、かえって医療費用全体では減少したとも指摘されています。

ワクチン接種は無料でもその費用は最終的に国民負担

2021年2月から、日本国内でも新型コロナウイルス感染症のワクチン接種が始まりました。緊急であることや蔓延予防の目的から、ほかの予防接種に比べ例外的な措置がとられています。

予防接種には、法律に基づいて市区町村が主体となる「定期接種」と、緊急の必要があると認められたときに行われる「臨時接種」、そして希望者が各自で受ける「任意接種」があります。定期接種は公費負担ですが、任意接種は自己負担となります。私たちにとって身近であるインフルエンザの予防接種は任意接種にあたります。あくまでも治療ではなく予防に関する処置のため、健康保険は適用されません。

新型コロナウイルス感染症に対するワクチンの接種については、2020年12月に予防接種法の改正案が可決、成立しました。ここでは、新型コロナウイルス感染症は「臨時接種」の特例とされました。実施する主体は市区町村であるものの、都道府県知事が協力し、国を挙げて取り組むことになりました。

新型コロナウイルス感染症に係る予防接種では、自治体が接種の実務を行い、国が人件費などを費用を負担することになっています。**２０２０年度第３次補正予算において、ワクチンの接種体制の整備・接種の実施費用として５７３６億円が計上されました。**

しかし、全国知事会が２０２１年２月に公表した調査によると、調査に回答した44のうち21の都道府県が、国の補助の上限額より実施にかかる所要見込額が大きくなると回答しました。さらに、同年５月に公表された資料では、高齢者への接種を短期間で完了させる場合、会場確保やコールセンター増設などによって経費が増加し、国からの補助額が不足する恐れがあるとしました。マンパワー不足、予約システムの処理能力の問題とともに、予算不足が課題として挙げられています。

国がこの予算不足に対応するとなると、さらに支出が増えることになります。

A 保険適用の検査が増えると社会保障費が増える

全知事会　47都道府県の知事で組織する団体

支出の疑問

09

Q 社会保障全体ではいくら使っているの？

社会保障全体の支出の約半分は年金

国の歳出のうち、**最も大きな割合を占めているのは社会保障費です。２０２１年度の一般会計当初予算では、35・８兆円で全体の33・６%を占めます**。ただし、これは財源の一部として国の一般会計で負担する部分に過ぎず、社会保障全体の費用を表す数字ではありません。

この費用を表す指標としてはＯＥＣＤの「社会支出」があり、これは高齢・遺族・障害・保健（医療）・家族（子ども手当など）・積極的労働市場政策（職業訓練など）・失業・住宅・その他の９つの分野の合計です※。日本の公的社会支出の総額（２０１７年度）は約１２

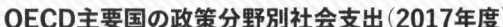

OECD主要国の政策分野別社会支出（2017年度）

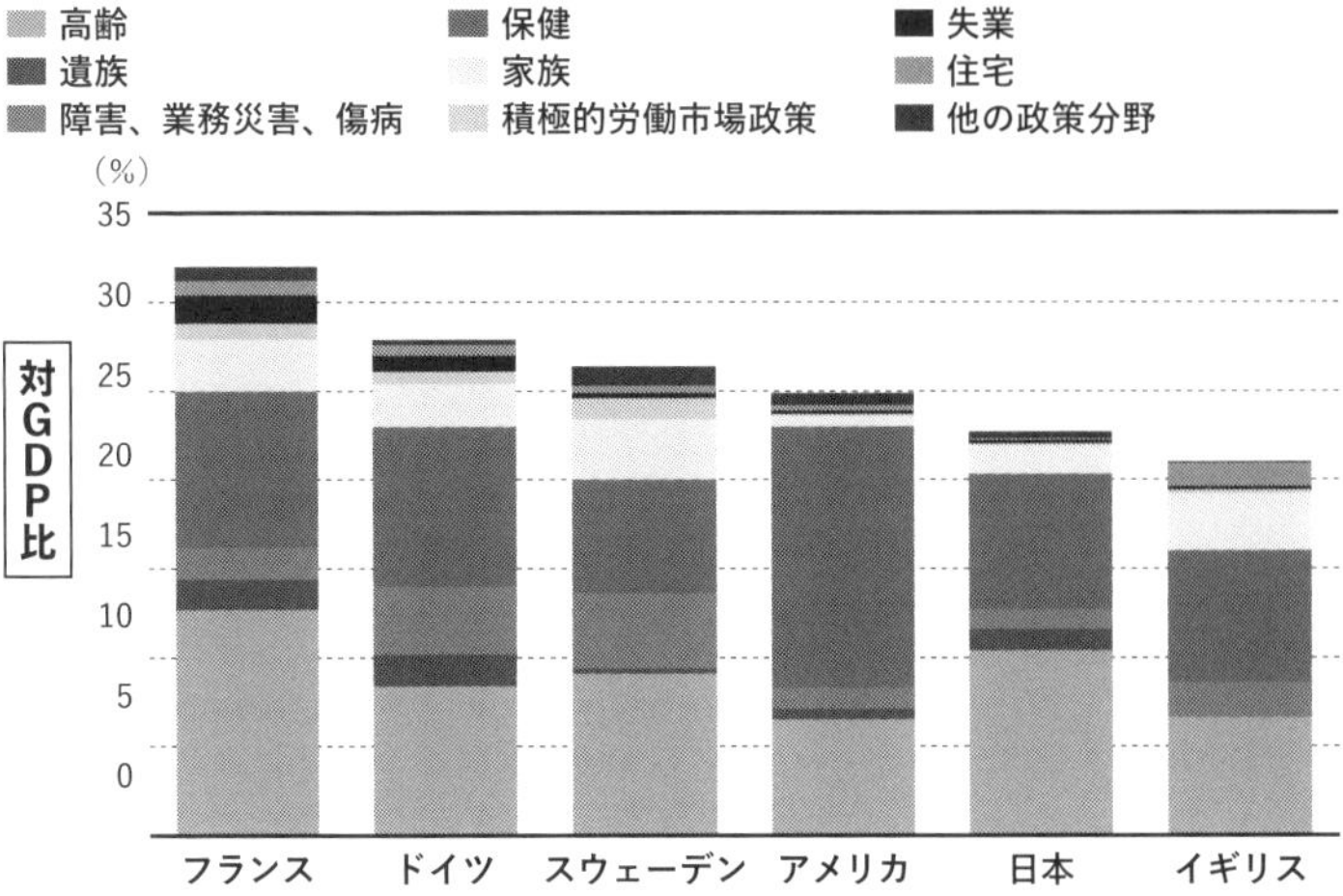

出所：国立社会保障・人口問題研究所（2020）「平成30年度社会保障費用統計」

4兆円で、そのうち年金（高齢と遺族）が約64兆円、全体の51％を占めています。次に多いのが医療で42兆円、全体の34％です。

欧州諸国などと比べると、日本の社会支出の総額（対GDP比）は少ないですが、年金・医療が全体の85％を占めており、非常に偏っています。他方、これらの国は、日本と比べると、年金・医療の割合が小さい一方で、障害・家族・積極的労働市場政策・住宅などの割合が大きいのです。

これは、日本の社会保障の基本的な問題を示しています。**高齢者対策に偏っている一方で、家族対策や職業訓練などの現役世代への対策が手薄になっていることです**（180ページ参照）。教育も同様です（184ページ参照）。

※社会支出には公的支出と私的支出（義務的と任意がある）があるが、ここでは「公的支出」と「私的支出のうち義務的支出」を加えた数字を使う

社会保障の考え方の分類

ベバリッジ型	ビスマルク型
社会保障の財源は、社会保険料より一般財源(税金)の割合が大きい。社会保障の水準が高い北欧諸国(スウェーデン、デンマークなど)と、社会保障の水準が低い英語圏の国(イギリスやアメリカ)がある。	社会保障の基本は社会保険で、その財源は主に社会保険料。所得に応じて社会保険料を負担し、その負担に応じて年金が給付される。ドイツ、フランスなどが分類される。日本はベバリッジ型との混合。

⇩

デンマーク	アメリカ	日本	ドイツ
社会保険はなく、一般財源で手厚い保障。	社会保険はあってもウェイトは低く、社会保障は最低保障に限定。	国民皆保険を掲げるが、保険料の逆進性から未納・未加入が多い。	国民皆保険ではなく、保険に加入できない者が存在。

社会保険に依存しない国

社会支出の分野別の割合の相違は、各国の社会保障の基本的な哲学の相違を反映しています。社会保障のしくみには、大きく2つの種類があります。ひとつは、**社会保険が中心となる「ビスマルク型」の国であり、ドイツやフランスなどが当てはまります**。社会保険は払った保険料に応じた給付が基本となるため、所得再分配は重視されていません。保険料を負担できない者には、日本でいう生活保護で対応します。

もうひとつは、**社会保険がない、または、社会保険があってもそのウェイトが**

所得再分配｜一般に、社会保障制度などの政策によって高所得者から低所得者へ所得が再分配され、格差が是正されること

低い「ベバリッジ型」の国であり、デンマークやイギリスなどが当てはまります。社会保障の財源の中心は一般財源で、所得再分配を重視し国民誰でも平等に保障します。ただし、その水準が高い北欧諸国と低い英語圏の国に分かれます。アメリカはやや特殊であり、ベバリッジ型というより「市場主義型」ともいわれています。たとえば、公的な医療保険は、高齢者と低所得者だけに提供されており、それ以外の人たちは私的保険に加入しています。

日本はもともとビスマルク型でしたが、自営業者などにも社会保険の適用を拡大するなど、ベバリッジ型の要素も取り入れています。より所得再分配が必要になっているからですが、実はその方法に大きな問題と矛盾があります（これについては１６０ページ参照）。

社会保障の哲学や制度の相違は、貧困や格差などにも表れています。今や多くの国で貧困や格差は拡大していますが、社会保障や税制による再分配の結果、一定程度是正されています。一方で、**日本は社会保障に巨額のお金を使っているにも関わらず、ＯＥＣＤ諸国のなかでは、欧州諸国と比べて貧困や格差の水準が高いです**。

A 毎年１００兆円を超えた支出で年金と医療に大きく偏っている

支出の疑問

10

Q 社会保険制度は本当に公平なしくみなの？

保険料を払えない人が増えている

2020年の新型コロナウイルス感染症拡大は世代を問わずあらゆる人々に影響を及ぼしましたが、なかでも打撃を受けたのが非正規雇用やフリーランスの人たちです。厚生労働省によれば、**2020年2月から12月の間で解雇、もしくは雇止めにあった人は約7万5000人。正規雇用であれば雇用保険や労災保険などがありますが、非正規雇用やフリーランスの場合、保障は限定的です。**

これに限らず、そもそも公的年金や医療介護保険などは、非正規雇用すべてが対象になってはいません。また、建前上は自営業者などにも適用が義務づけられていますが、保険料

国民年金の未納等の状況（2019年度末）

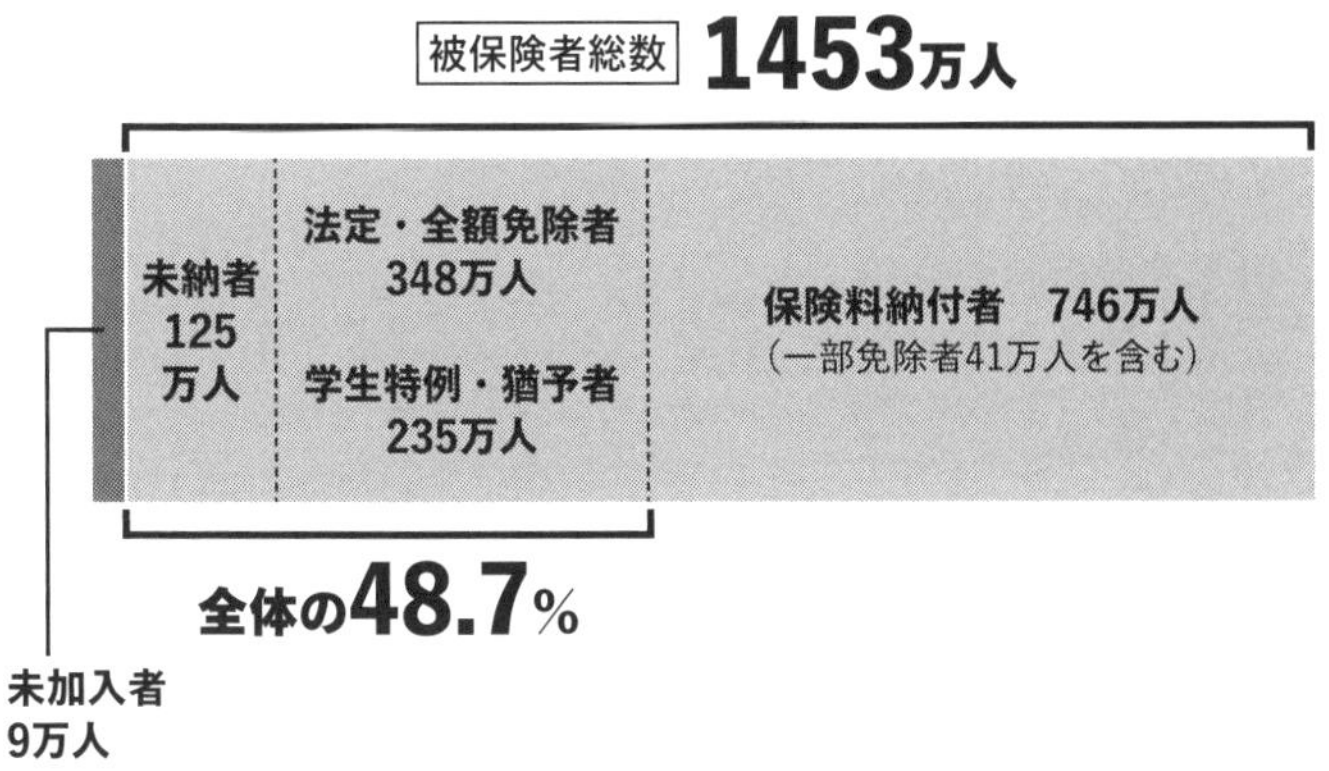

※それぞれ四捨五入しているため合計とは一致しない場合がある
出所：厚生労働省年金局・日本年金機構「公的年金制度全体の状況・国民年金保険料収納対策について（2020）」

負担が重いことなどから、実際には未納や免除されている人が多いのが現状であり、未納者などは十分な年金給付を受けることができません。国民年金では、こうした人が、なんと被保険者総数の半分を超えます。

日本でこれらが問題視されるようになった背景には、非正規雇用の増加が挙げられます。**彼ら非正規雇用の多くは、就業時間や勤務期間を理由に、健康保険や厚生年金保険に加入できていません。**

現在は適用条件の拡大で一部のパート労働者が厚生年金に加入できるようになったため、社会保険は改善されたといえるかもしれません。しかし、「国民年金と比べ、より少ない保険料負担でより多い年金給付をもらえる人」が増えたことになり、実は不公平を拡大させています。タダのランチは存在しません。つまり、誰かが得をすれば、その分の負担は必ず発生します。

こうした問題は、社会保険制度が労働市場の変化に対応できていないことを物語っており、ビスマルク型国家に共通する課題です。社会保険は、右肩上がりの経済で中間層が拡大し、片働き世帯が中心のときには機能しましたが、経済のグローバル化や情報技術の進歩によって、所得階層が2極化（富裕層と貧困層）している状況に対応できないのです。

また、共働き世帯が増えているため育児や家族対策がより必要になっています。貧困や格差も拡大しており、若者への教育、失業者や経験の浅い未熟練労働者たちへの職業訓練など人材投資も必要です。しかし、こうした分野は社会保険では対応できず、一般財源が必要です。日本が典型的なように、ビスマルク型国家では、社会保険料の引き上げは比較的容易ですが、増税は政治的に難しいのです。ビスマルク型国家のなかでも、フランスなどは家族対策を大幅に拡充してきましたが、日本はなお遅れをとっています。

社会保険への税の投入で不公平拡大

問題はまだあります。**保険料を満額収められない人が多いことから、所得再分配のため、**

各保険制度には大量の一般財源が投入されています。再分配は必要と思うかもしれませんが、保険には高所得者も加入しています。保険制度に税金を投入することは、低所得者だけでなく、高所得者も助けることにもなります。

社会保障全体に投入されている税金の総額は約50兆円（2017年度）です。そのうち厚生年金への補てんは約10兆円であり、最も多く税金が投入されています。これは、基礎年金部分の半分が税金で賄われているからです。厚生年金に税金が使われるということは、上場会社を退職した、豊かな生活を送る人の年金も税金で支えていることになります。

他方、**非正規雇用者など、保険料をきちんと納められなかった人の年金は少額です。しかし、彼らは消費税は負担しています。**彼らが払った消費税が上場会社のOBの年金にも充当されているといえますが、にもかかわらず受け取る年金額は少ない。不公平が生じてしまうのです。保険は本来負担と給付が一致すべきものですが、一般財源などの投入により、負担意識が希薄化し、財政規律が損なわれているのです。

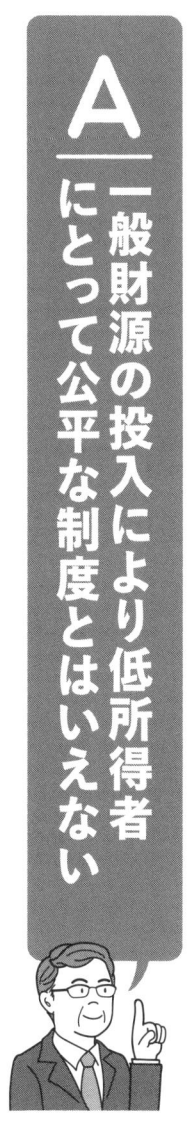

A 一般財源の投入により低所得者にとって公平な制度とはいえない

支出の疑問

11

Q 年金は平等に給付されているの？

本当は存在しない基礎年金制度

社会保障で最も支出が大きいのが年金です。日本の年金制度は、被用者（賃金を受け取る人など）が加入する厚生年金、公務員らが加入する共済年金※、自営業者などが加入する国民年金に分かれています。厚生年金と共済年金は定額部分と報酬比例の2つの部分からなりますが、国民年金は定額部分のみです。

厚生労働省は、「日本の年金制度は3階建てになっていて、1階は国民全員が加入する基礎年金、2階は厚生・共済年金（報酬比例部分）、3階は企業年金や個人年金」と説明していますが、これは正しくはありません。

※2015年、国・地方の公務員らの共済年金は、厚生年金に統合されている（被用者年金の一元化）

年金制度の実態

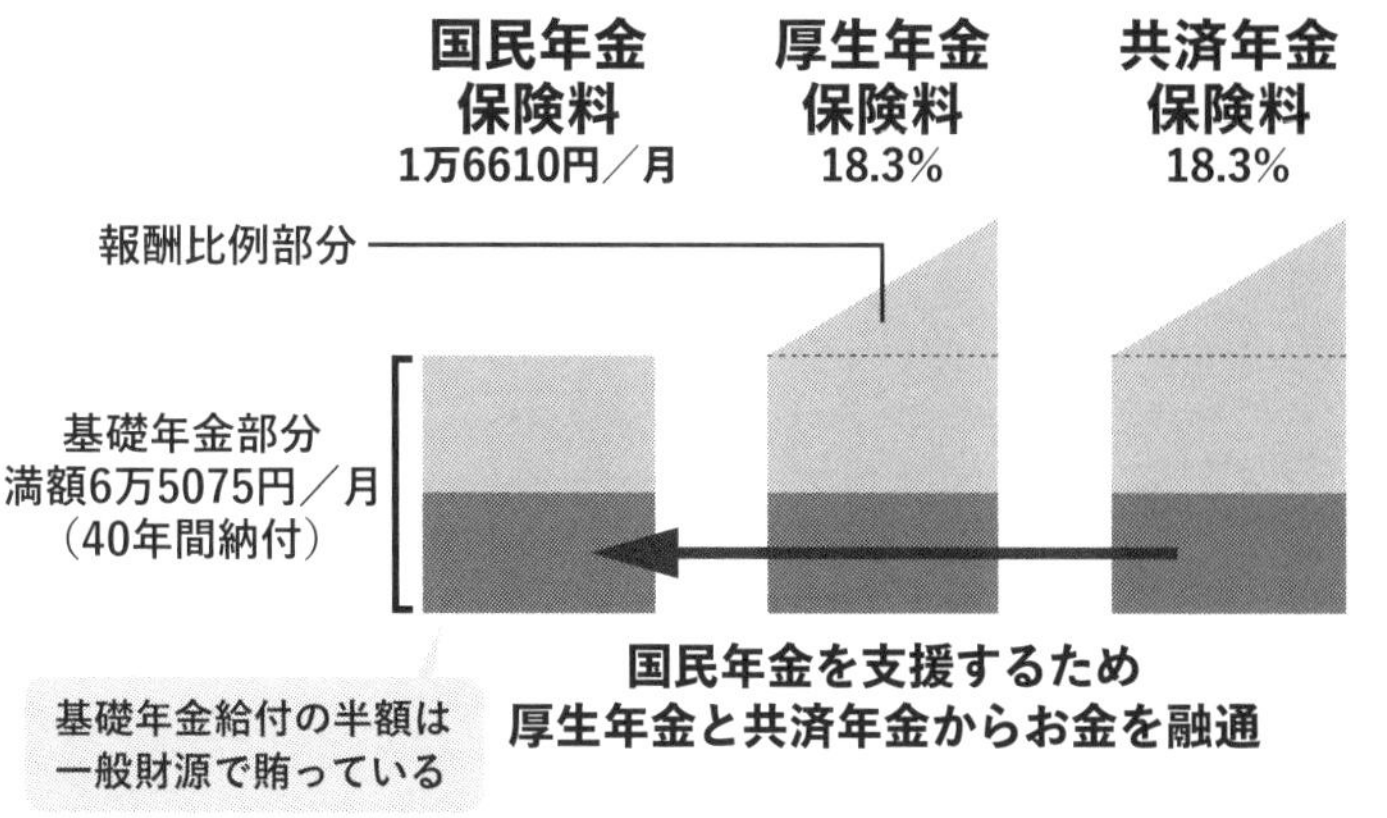

※数字は2021年度。厚生・共済年金の保険料は標準報酬月額に18.3%を乗じたもので、被用者個人の負担はこの半額

実は、「基礎年金」という年金制度は存在しません。基礎年金とは、厚生・共済年金の定額部分と国民年金を共通化して、財源を調整するしくみです。

というのは、国民年金は未納などが多いために財政が悪化したことから、国民年金を支援するため、厚生・共済年金からお金を融通することにしたのです（1985年の年金改正）。

ですが、こうした融通でも足りず、**一般財源からも基礎年金部分に投入されており、現在では基礎年金の給付全体のうち半分が一般財源で賄われています。**

こうしたしくみは所得再分配のためですが、負担や給付の方法が不公平です。特に国民年金の保険料は原則として所得にかかわらずに定額で、極めて逆進的です（44ページを参照）。また、元大企業勤めなど余裕のある高齢者の基礎年金まで税金で補てんしています（163ページを参照）。これらは、世代内格差の問題（同一の世代の中での格差）です。

賦課方式の限界

年金の財政は「賦課方式」というしくみで運営されています。つまり、現役世代が納めた保険料がそのまま高齢者の年金給付に回るということです。もし銀行預金のように将来の自分のために自分で保険料を積み立てていく方法（積立方式）を採用すると、生活水準や物価の上昇に十分対応できません。時間が経過するにつれて、積み立てたお金の価値がインフレなどの影響を受けて目減りするからです。そのデメリットを防ぐために、現役世代が高齢者の年金給付を支える賦課方式が採用されています。

しかし、賦課方式にもデメリットがあります。少子高齢化が進み、現役世代が減る一方で高齢世代が増えており、年金給付を維持するためには現役世代の負担を引き上げる必要があるからです。その結果、若い人たちは、払った保険料より年金給付が少なくなり損することがしばしば指摘されました。そうした面は否めませんが、保険料は払うべきです。

なぜなら、人、特に女性は100歳まで生きる可能性が高くなりました。現役時代の貯金で40年近い老後を支えることは一般の人には不可能です。公的年金は、長生きのリスクに対応するものであり、生存している限り給付が継続するメリットがあります。また、一方でそれは、早く亡くなった人の保険料を活用できるからです。

貧困の高齢者が増える

現役世代の負担を緩和するため、2004年の年金改革で導入されたのがマクロ経済スライドです。従来、年金給付は物価や賃金の上昇に合わせて改定されてきました。しかし、この改革によって、年金給付の延びは、平均寿命の延びや加入者の減少などを加味したうえで調整し、物価などの上昇率以下に抑えることになりました。つまり、物価や賃金が上昇しても、従来のように年金給付額が増えなくなったのです。

これで現役世代の負担は軽減されますが、逆に、年金給付は大幅に目減りします。現役世代の平均年収に対する年金給付の割合（所得代替率と呼ばれる）は、今後数十年にわたり3〜4割削減される見通しです。

年金財政は安定化しますが、他方で、今後、貧困高齢者が急増するでしょう。繰り返すまでもなく、日本は急速に高齢化しています。

総人口に占める高齢者（65歳以上）の人口の割合は、1950年の4・9％から、2020年には28・7％になりました（総務省統計局）。人数では、411万人から3617万人と約9倍になりました。さらに、将来推計では、2050年に、37・7％（高齢者数は約3800万人）に達します。

いわゆる**就職氷河期世代**がこれから高齢化しますが、そもそも彼らは保険料を十分に払うことができなかったことから、将来の年金給付は少額となり、さらにマクロ経済スライドで目減りします。

また、生涯未婚率が上昇しており、2030年には、男性の未婚率は3割に達する見込みです。つまり、今後は単身の貧困高齢者が、特に東京などの都市部で急増します。女性は結婚しても、夫と死別する可能性が高いので、貧困に陥る確率が高くなります。今でも生活保護受給者の約半数は高齢者ですが、これがさらに増えるでしょう。

政府は、日本の年金は「国民皆年金」と説明していますが、現状では保険料を負担できない人が多く、とてもそうとはいえない状況です。

こうした問題に対応するためには、**基礎年金をカナダのように全額一般財源で賄うことです**。カナダの年金制度は、1階の基礎年金、2階は日本でいう厚生年金、3階の企業・

就職氷河期世代｜1990年代初頭～2000年代半ばまでの就職難であった時期に就職活動をしていた世代

個人年金の本来の3階建てになっています。基礎年金はすべての国民に給付されますが、高所得者のそれは課税により削減されます。最低部分は国が保障し、それ以上は公私の保険により自助努力を求めるしくみになっています。この結果、カナダの高齢者の貧困は非常に低くなっています。

年金制度を見直すことが必要ですが、高齢化を乗り切るために最も重要なことは、より多くの国民がより長く働くことです。女性の平均寿命は、1950年に61・5歳でしたが、2050年ごろには90歳に到達します。

昔は、55歳で定年になり、亡くなるまで数年でしたが、今や65歳で定年になっても、老後は30年近くあります。どうすればそれを乗り切ることができるのかを我々は真剣に考えなければならないのです。

A 国民皆年金は名ばかりで貧困高齢者が増える

支出の疑問
12

Q これからも安心して医療を受けられるの？

なぜ医療費は増えているのか

２０１８年度の国民医療費の総額は約43・4兆円。ＧＤＰ比では７・９％、国民ひとりあたりでは34万３０００円です。問題は、医療費の毎年度の伸び率が、総じて名目の経済成長率を上回っていることです。

医療費も高齢化が関係しています。65歳以上の高齢者が医療費全体の約6割を使っています。彼らひとりあたりの医療費は73・9万円で、15～44歳の12・4万円の約6倍です。高齢者は病気がちですが、諸外国と比べても、日本は高齢者の医療費が突出しています。

ところで、その医療費はどうやって決まるのでしょうか？　公的保険の対象となるすべての診療行為や薬剤の価格は、「診療報酬制度」により、政府が医療費を決めています。たとえば、人口透析に係る費用は、年間約500万円といわれています。日本透析学会の調査によると、透析患者は全国に34・4万いるので、単純に計算すると、透析に要する年間の費用は1・7兆円になります。医療費の増大には、成人病や生活習慣病が背景にあります。

最近では、超高額な薬が保険の対象になっています。たとえば、2019年に導入された白血病治療薬「キムリア」は、1患者あたり3349万円でした。

一般の現役世代の病院窓口での自己負担はかかった医療費の3割です。もしキムリアを使うと、自己負担で1000万円も払うのでしょうか？　安心してください。**「高額療養費制度」があり、個人の所得水準にもよりますが、毎月どんなに医療費がかかっても、毎月の自己負担の上限額は10万円程度に抑えられています。**人間誰でも明日重篤な病気になる可能性があり、まさにリスクに対応できる保険のメリットです。

フリーアクセスという需要側の問題

日本では、公的な医療保険に加入している限り（無保険者も多い）、基本的には全国どこの病院・診療所にも行くことができます。いつでも医者に診てもらえることはよいことですが、風邪で多くの人が病院に押し寄せれば、緊急の治療を要する人たちが困ります。

こうしたしくみは「フリーアクセス」と呼ばれていますが、日本は過度に重視されています。 たとえば、OECDの医療統計（2017年）では、国民ひとりあたり年間の平均診療回数は、12・6回で、OECD平均の約2倍、スウェーデンの約5倍です。

諸外国では費用と質のバランスを図るため、フリーアクセスを制限することが多いです。 たとえば、国営医療サービスを基本とするイギリスでは、緊急の病気やけがを除けば、最初に登録された「かかりつけ医」に診てもらう必要があります。かかりつけ医の紹介がなければ、病院には行くことはできません。

出来高払いの医療費償還という供給側の問題

医療費の増大には、供給側、すなわち病院や医者の行動もあります。医者の数は少ないですが、病院のベッド数など、OECD諸国のなかで、日本はトップクラスです。また、高齢者の数の相違を調整しても、都道府県別の医療費に相違がありますが、これはベッド数が大きく影響しているといわれています。実際には、九州や四国の県の医療費が高いの

OECD主要国の医療の供給側の指標

	医療費（対GDP比、%）	医者の数（人口1000人あたり）	診療回数（医者ひとりあたり）	CT（人口100万人あたり）	MRI（人口100万人あたり）	病院のベッド数（人口1000人あたり）
アメリカ	16.9	2.6	1,624	43	38	2.8
ドイツ	11.2	4.3	2,330	35	35	8.0
フランス	11.2	3.2	1,944	17	14	6.0
スウェーデン	11.0	4.1	680	18	14	2.2
日本	10.9	2.4	5,191	112	55	13.1
イギリス	9.8	2.8	−	9	7	2.5
OECD平均	8.8	3.5	2,181	27	17	4.7

※医療費は2018年、それ以外は2017年　　出所：OECD Health Statistics

です。

こうした医療費増大のひとつの理由が「出来高払い」にあります。

医者が必要だと判断すれば医療行為が認められ、原則としてかかった費用はすべて、保険制度により償還されます。つまり、診療すればするほどお金が入ってくるわけです。

医療でも不公平が生じる

日本の医療保険制度は、年金以上に複雑です。大企業の社員が加入する健康保険組合（保険者は約1400）、中小企業の社員が加入する協会けんぽ（国が唯一の保険者）、公務員などが加入する共

後期高齢者医療制度　75歳以上の人を対象とした医療制度。また、前期高齢者医療制度は65歳～74歳の人を対象としている

済組合（保険者は85）、自営業や退職者などが加入する国民健康保険（自治体が保険者で約1900）と分立しているからです。

さらに、後期高齢者医療制度（都道府県単位で47）と前期高齢者財政調整制度があります。ここでも、**保険料負担は逆進的で、加入する保険によって不公平と格差があります**。現役世代の自己負担割合は3割ですが、後期高齢者の場合は、所得によって1割か3割です※。現役世代でも所得の低い者がいるのに、なぜ高齢者だけ優遇するのでしょうか。

国民医療費の総額43・4兆円の費用負担をみると、保険料が全体の49・4％、公費負担（国と地方）が38・1％、患者負担が11・8％になっています。後期高齢者医療制度については、その約5割が公費負担、約4割が健康保険組合などからの支援金、約1割が高齢者の保険料です。また、会社で働く人が払う医療保険料の4割以上は、自分たちの医療ではなく高齢者医療に使われているのです。つまり、他人のお金で医療を賄うしくみになっており、財政規律が働かないのです。しかも、年金と異なり、医療保険料は年々増えています。

医療改革は極めて難しい

医療はサービスなので、お金をかけたからといって成果が上がるわけではありません。

※2021年の法改正により、現行1割負担の一部の者が2割負担になる

A 医療の費用対効果を高めないと負担に耐えられない可能性がある

費用対効果を高めることが重要で、かかりつけ医の普及、医療情報の活用、生活習慣病の予防などがその手段です。政府も、地域包括ケアなどを導入し、地域における取組を強化していますが、医者や病院、保険者など関係者が多く利害の調整が難しいのが現状です。

日本は私的病院が多いこともあり（病院数で約8割）、国や自治体の権限は極めて弱いです。新型コロナウイルス感染症の拡大で、病床数が世界トップクラスなのに医療が逼迫しましたが、これは病院や診療科目の適正な配置や連携などにおいて、国や自治体が権限をもって調整できないことが一因です。

医療でも、基礎的な医療サービスは政府が責任をもつ一方、すべてを保険で対応するのではなく自助努力を求める役割分担が必要です。

地域包括ケア　医療や介護が必要な状態になっても、可能な限り住み慣れた地域で自立した生活を続けらるよう、住まい・医療・介護などが一体的に提供されるシステム

支出の疑問

13

Q ベーシックインカムは今の日本で実現可能？

コロナ禍で注目が集まったベーシックインカム

ベーシックインカムとは、最低限の生活を営むうえで必要なお金を国が国民に無条件かつ定期的に給付する制度のことです。

導入のメリットとしては、**一定水準の生活が保障され、しかも無条件に給付されることから、貧困の削減や少子化対策になるという点があります**。また、お金を必死に稼ぐ必要がなくなることから、働き方改革にもつながり、職業選択の自由度が上がるほか、「勤め先がブラック企業だけど辞められない」「病気だけど働かなければならない」「夫婦とも低収入なので離婚できない」といった経済上の悩みも解消されます。

ベーシックインカムのメリットとデメリット

○ メリット	○ デメリット
貧困削減・少子化対策 生活に最低限必要なお金が無条件で配布されるので、貧困削減や少子化対策になる	**労働意欲の低下** 働く意欲がなくなる可能性があり、競争力の低下や産業全体の衰退につながる
働き方改革 自分のやりたい仕事にチャレンジでき、働けないときに無理に働く必要がなくなる	**巨額の予算が必要** 現在の歳入だけでは賄えないほど莫大な予算が必要になる

財源確保のために生活保護などを廃止すると、生活できなくなる人が出てきてしまいます

新型コロナウイルス感染症対策として実施された国民ひとりあたり10万円の現金給付は、ベーシックインカムの到来を予測させるものとして注目を浴びました。なかでも元経済財政政策担当大臣で現在パソナグループ取締役会長の竹中平蔵氏は「毎月5万円（後に7万円に増額）を国民全員に給付すべき」と発言し、物議をかもしています。

その内容は、**国民全員に現金7万円を給付し、マイナンバーカードと銀行口座の紐づけを義務化することで所得を把握し、所得が一定以上ある人は後で返還するとい**

うものです。これによって国は生活保護や年金給付を行う必要がなくなるといいます。

財源が確保できるかが最大の課題

しかし、**このベーシックインカム論については多くの学者が批判しており、それは主に、①労働意欲の低下、②財源の確保の2つの問題です**。

①は、必要なお金が無条件で給付されることで、労働に対するインセンティブ(動機づけ)が損なわれ、国民の労働意欲が低下する点が問題です。実際、2016年にスイスで導入の可否をめぐって国民投票が行われた際、圧倒的大差をつけて反対派が勝利したのは、「国民の労働意欲低下による経済競争力の低下」が懸念されたためです。また、竹中氏の主張では、長らく年金保険料を納めてきた人たちの取り扱いについてはわかりませんが、もし過去に払われた年金保険料が考慮されないとすると、多くの人が反対するでしょう。

大きな問題は②財源の確保です。仮に国民全員に毎月7万円を支給するとなれば、毎年100兆円もの予算が必要になります。**生活保護などの廃止により一定の財源を確保できるとしても、増税なしに、100兆円を賄えるとは思いません**。医療、介護、保育などの現物サービスはどうするのでしょうか。保険を廃止し、ベーシックインカムで現物サービスを買うのでしょうか。あるいは、ベーシックインカムで保険料を払うのでしょうか。

ベーシックインカムで得をする人もいるでしょうが、**問題は、現在、障害年金や生活保護で生活している人たちです**。彼らは、現在の給付が受けられなくなる代わり、毎月７万円だけで生活していかなければなりません。もし彼らには追加的に給付するとなると、今度は当初の１００兆円どころではなくなってしまうでしょう。

このように、ベーシックインカム導入は現実的にはかなり難しいと考えられます。とはいえ、近年とりわけ先進国において中間層の縮小や実質所得の低下、貧困層の増加が報告されており、将来的にはＡＩ（人工知能）などの技術革新でさらに雇用が減少すると見込まれることから、格差是正対策や所得の再配分政策については今後も検討を重ねる必要があるでしょう。

A

財源の確保などの問題から導入は非現実的

14

Q 国は「子育て」に後ろ向きなの？

日本は子育て支援に回す予算が少ない

高齢化が進むと同時に深刻化しているのが少子化です。**第二次ベビーブームを境に合計特殊出生率が2を下回るという低水準にあり、２０２０年は１・34となりました。**

子どもを持たない理由はそれぞれありますが、なかには、子育ての負担や経済的な問題で、子どもを産みたい・増やしたいと思っていても断念してしまうケースがあります。こうした問題に対してさまざまな少子化対策が講じられていますが、その中心は保育サービスと現金給付の拡充です。

保育サービスについては、２０１８年末に決定し、２０１９年10月から実施された幼児

合計特殊出生率 15～49歳までの女性の年齢別出生率を合計したもの

教育・保育の無償化が重要です。幼稚園、保育所、認定こども園などを利用する3歳から5歳児クラスの子どもたち、住民税非課税世帯の0歳から2歳児クラスまでの子どもたちの利用料が無料になりました※。

このための財源は、消費増税（8％から10％へ）分が充てられています。保育への予算の拡充は必要ですが、この無償化が優先順位の高い施策であるかについては疑問がありま す。低所得世帯の保育料はすでに無料になっているため、今回の無償化は中高所得者に、より恩恵が及びます。中高所得者が浮いた保育料を使って塾やおけいこごとを増やすと、むしろ格差が拡大することになるでしょう。同じお金を使うならば、保育士の待遇改善などに使うべきではないでしょうか。

また、**保育に関して近年問題になっているのが待機児童です**。待機児童とは、保育所への入所条件を満たしているのに、入所できない状態の児童です。女性の社会進出や共働き・一人親世帯の増加によって保育所の需要が高まっていることが主な原因です。ただし、国全体では保育所は余っています。これは、東京や大阪などの都市部の問題なのです。

国は、待機児童問題の解消に向けて、2020年12月に「新子育て安心プラン」を公表しました。この政策によって、2021年から2024年までの4年間で約14万人の保育の受け皿を整備するという目標を掲げています。

※なお、認可外保育施設などについては、一定の自己負担がある

家族関係社会支出の国際比較（対GDP比）

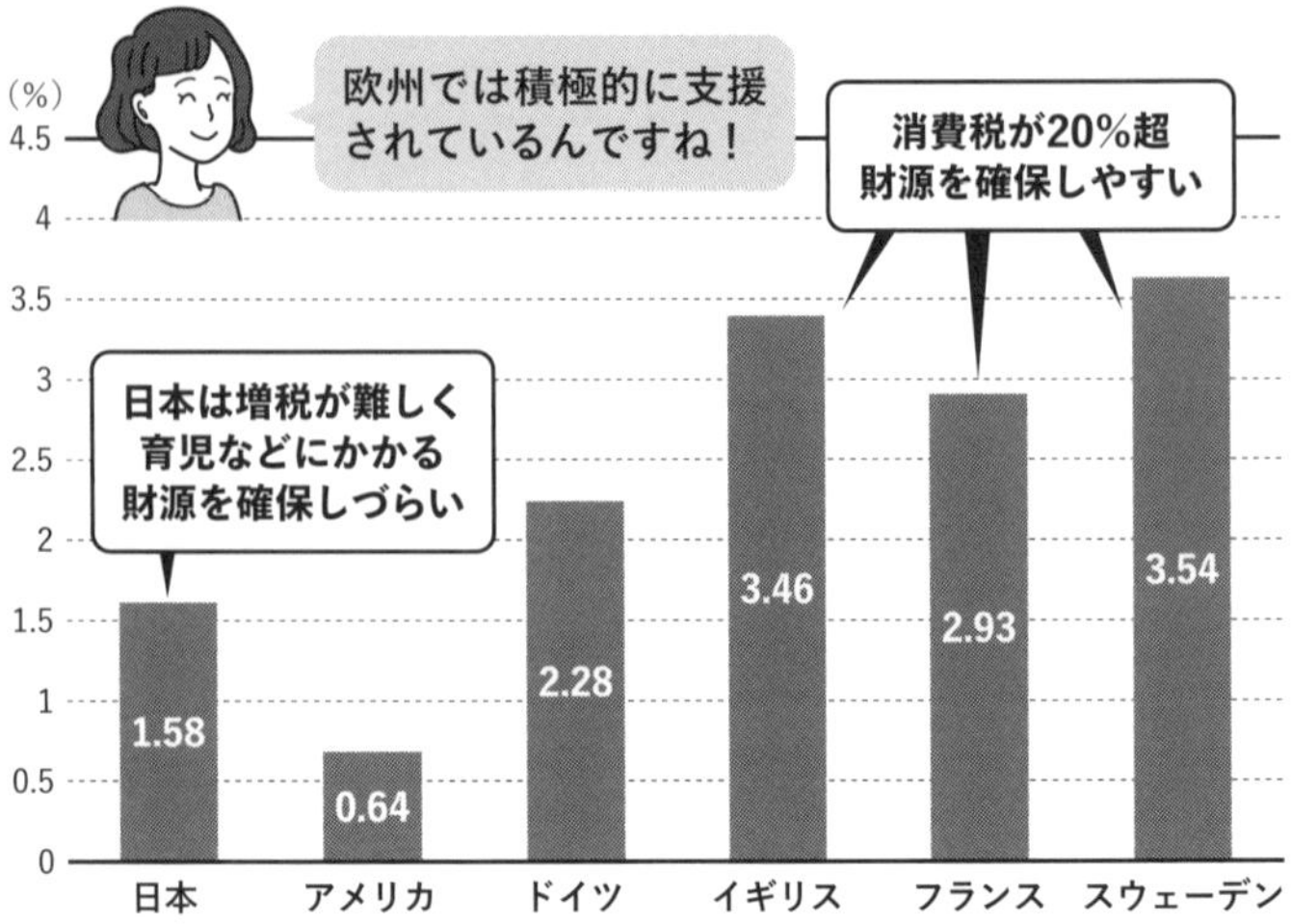

出所：「平成29年版　少子化社会対策白書」

この政策の実現に必要な金額は1440億円であり、約1000億円を事業主拠出金、440億円を税金などの公費で補うことになっています。**このうち440億円の公費を確保するため、児童手当の支給対象が見直されました。**

児童手当とは、中学生までの子どもがいる世代に子育て支援として現金を給付する制度です。3歳未満はひとりにつき月1万5000円、3歳以上は月1万円、所得制限の対象になると月5000円支給されます。

今回の見直しによって、世帯主の年収が1200万円以上の場合に支給されないことになり、年間約370億円の財源が保育所の整備に充てられます。

事業主拠出金｜政府が行う子育て支援策のため、企業から徴収するお金

国際的に見ても子育て支援の予算が少ない

内閣府発表の「平成29年版少子化社会対策白書」によると、日本が子育てなどに使う家族関係社会支出のGDP比は、イギリス、フランス、ドイツといった欧州諸国の半分程度です。また、教育予算も家計負担の比率が大きく、**日本は先進国のなかでも子育て支援にかける予算の少ない国となっています**。

子育て支援を拡充するためには財源が必要です。欧州の福祉国家はいずれも消費税が20%ほどです。日本の場合、保険料の引き上げは比較的容易でしたが、増税は難しかったわけです。政治が、国民に対して、育児や教育などを充実するために増税の必要性を積極的に説明してこなかったともいえます。急速に進む少子高齢化を乗り切るためには、人的投資への財源をどれだけ確保できるかがカギになっています。

A 子育て関係の支出は欧州諸国の半分ほどで積極的とはいえない

家族関係社会支出 家族を支援するために支出される現金給付やサービス。児童手当(現金給付、地域子ども・子育て支援事業費)などが含まれる

支出の疑問

15

Q 教育・芸術にどれくらいお金を使っているの？

諸外国と比較すると教育への支出が少ない

２０２１年の一般会計当初予算では、全体の５・１％にあたる５兆３９６９億円が「文教及び科学振興費」として教育や文化、技術開発に使われています。内容としては、公立小中学校の教師の給与となる「義務教育国庫負担金」、科学技術振興費、国立大学法人運営費交付金などがあります。

ＯＥＣＤのデータによると、**２０１７年、日本の初等教育から高等教育に至るまでの教育支出は、政府支出全体に対する割合の７・８％でした**。また、ＧＤＰに占める割合では、ＯＥＣＤ平均の４・９％対して日本は４％でした。

政府支出全体に対する教育関係支出の比率（2017年）

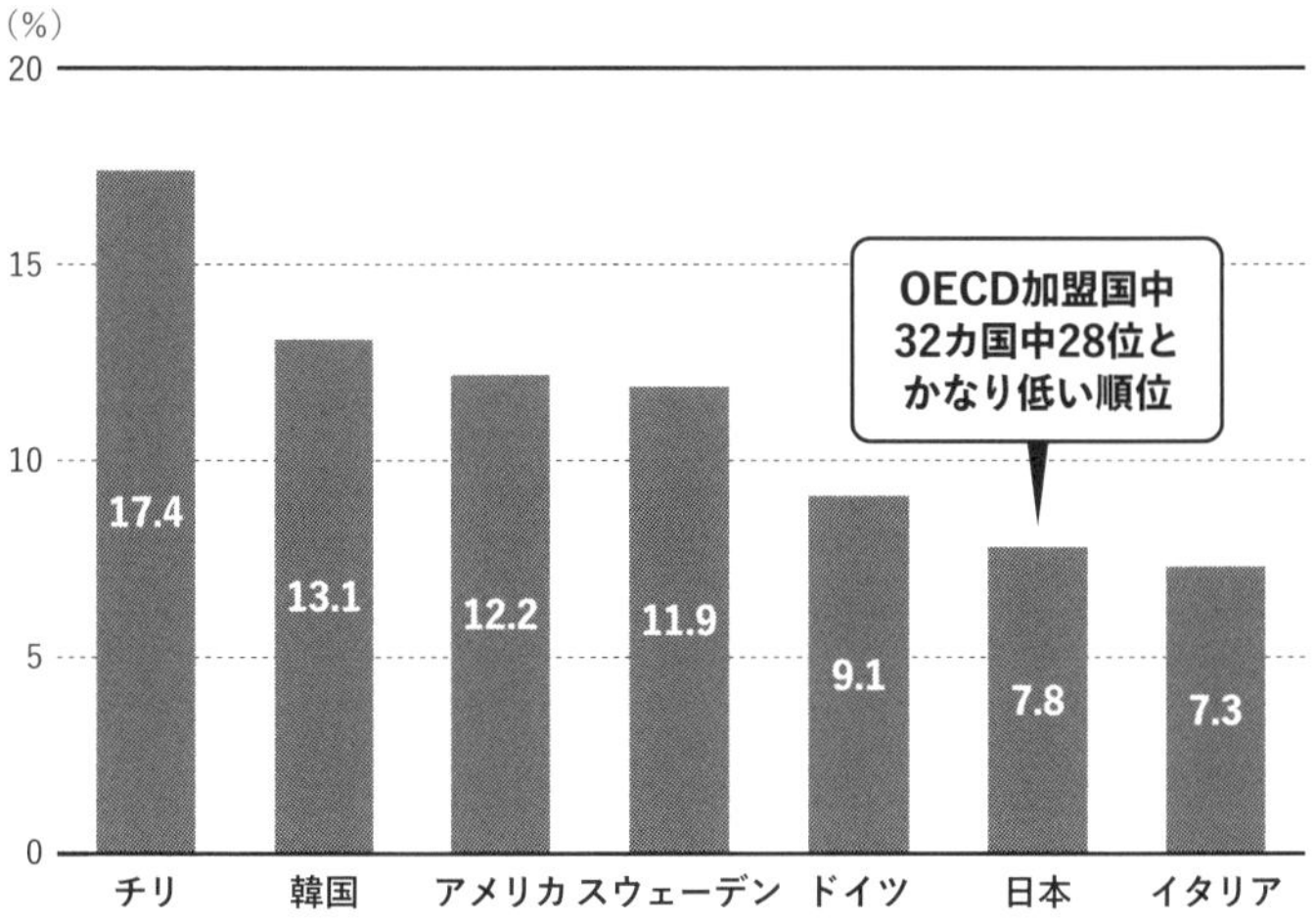

出所：Education at a Glance 2020を元に作成

ただし、近年は日本でも教育に対する予算は拡充されています。たとえば、２０１０年度、公立高校の授業料がゼロになりました。私立高校については、授業料はゼロになりませんでしたが、就学支援金により負担が軽減されました（収入制限あり）。さらに、２０２０年度からは、私立高校でも年収約５９０万円以下であれば授業料がほぼゼロとなりました。

高等教育については、**２０２０年度から消費増税の財源を活用し、返済義務のない給付型奨学金が低所得者世帯を対象に導入されました**（国公私立問わず）。

日本の高等教育の負担は、諸外国と比べて家庭、すなわち親の負担が重たいのが現状です。高等教育への公的支援は拡充するべきですが、義務教育とは違い、逆進的になりやすいという問題があります。というのも、豊かな家庭の子どもほど大学に進学し、また大卒ほど平均所得が高くなるからです。公的支援を拡充するとしても、奨学金を拡充するべきでしょう。

たとえば、**オーストラリアが世界に先駆けて導入し、今では世界各国に広まっているのが「出世払い奨学金」と呼ばれる制度です。**利用者の授業料を国が一時的に建て替えし（授業料の一部は国も負担）、利用者は卒業後に、所得水準に応じて授業料を返還するしくみです。所得が高ければ返済率が高くなり、もし失業などにより所得が一定水準以下になれば、返還が猶予されます。このしくみには納税者番号が必要であり、返済は税務署が責任を負っています。

日本でも、２０１７年から学生支援機構で「所得連動返還型奨学金制度」という類似の制度が導入されました。高等教育に対する公的支援は逆進的になることも考えると、「出世払い奨学金」を拡充するべきです。

コロナ禍での影響と支援

芸術面はどうでしょうか？　文化庁が発表した２０１９年度の調査によると、**文化予算**

額の国家予算に対する割合は、韓国やフランスが約1%、ドイツが0・52%、イギリスが0・22%、次いで日本が0・12%であり、日本が低い水準にあることがわかります。これも、子育てにかける費用（180ページ参照）同様、社会保険料ではなく税金によって財源が賄われているため、拡充することができないのです。

ただし、新型コロナウイルス感染症の影響で多くのイベントが中止され、文化芸術業界が打撃を受けたことに対し、2020年度には**「文化芸術活動の継続支援事業（以下、継続支援）」として幅広い分野のフリーランスや小規模団体、ライブハウスやミニシアターへの支援が行われました。**

続く2021年度の当初予算でも、コロナ禍における文化芸術活動の支援が引き続き計上されました。しかし、先述の継続支援に関しては、申請の煩雑さや支援の方向性と実態とのズレから申請数が伸びず本当に必要な人に届かないという評価もあります。

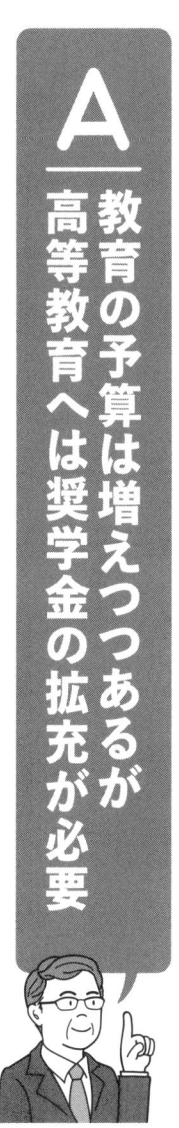

A 教育の予算は増えつつあるが高等教育へは奨学金の拡充が必要

支出の疑問

16

Q 原子力発電は本当に安上がりなの？

安くて安定的に確保できるとされていた原子力発電

「安くて安全」「火力発電よりも発電コストが安い」といったメリットが謳われていた原子力発電。しかし、その後に発電コストの試算が民間でも行われ、ほかの発電方法より発電コストがかかると指摘されるようになりました。また、2011年の東日本大震災での福島第一原発事故は大きな被害をもたらし、その事故処理の対応が必要になりました。

SNS上でも、原子力発電にまつわるコストについて議論が飛び交いますが、原子力発電はどれくらい発電コストが高いと指摘されたのか、原発事故の処理はいくらかかり、誰が負担しているのか、原子力発電にかかる費用について見ていきましょう。

一般水力　水路式、調整池式、貯水式など、一般的に使われる水力発電の総称震災以前は、「原子力発電の燃料となるウランは政情の安定した国に埋蔵されており、安定して確保できる」「原子力発電は核分裂による熱エネルギーを活用するため、温暖化ガスの排出が少ない」「原発のコストはほかのエネルギーと比べて安い」といったメリットが挙げられていました。

２００４年に政府が発表した発電コストの試算では、**原発での発電コストは１ｋＷｈあたり５・３円。一般水力や石油火力などに比べて約半分のコストで済むとされています**※。このことから、燃料を安定的に確保でき、地球温暖化対策にもなり、発電コストも安いという夢のような発電方法とされていました。

しかし、この試算は出力１２０万キロワットを前提に、設備利用率70％で40年間運転を続けることを想定しています。しかし、安全性を重視し厳しい条件で運転すべきと考えると、この前提条件は妥当ではないという指摘もあります。

また、原子力発電は、**発電後も核燃料などの高レベル放射性廃棄物を処理する必要があります**。発電の過程で出た汚染土や汚染水の処理も課題です。

２０１０年、当時立命館大学の教授であった大島堅一教授は、放射性廃棄物の処理費用や国家からの資金投入などの費用も含めた試算を行いました。それによると、原子力発電の単価は１キロワットアワーあたり10・68円。火力発電が９・90円、一般水力発電が７・

※2004年に資源エネルギー庁が発表した発電コストの試算は、2003年に電気事業連合会が行った試算がもとになっている

電源別発電コストの試算

2020年

（単位：円／kWh）

電力	発電コスト	設備利用率／稼働年数
石炭火力	12円台後半	70% 40年
LNG火力	10円台後半	70% 40年
原子力	11円台後半〜	70% 40年
太陽光（事業用）	12円台後半	17.2% 25年
中水力	10円台後半	60% 40年

2030年

（単位：円／kWh）

電力	発電コスト	設備利用率／稼働年数
石炭火力	13円台後半〜 22円台前半	70% 40年
LNG火力	10円台後半〜 14円台前半	70% 40年
原子力	11円台後半〜	70% 40年
太陽光（事業用）	8円台前半〜 11円台後半	17.2% 25年
中水力	10円台後半	60% 40年

※それぞれ2020年、2030年に、新たな発電設備を更地に建設・運転した際のコストの試算

出所：経済産業省「基本政策分科会に対する発電コスト等の検証に関する報告」

26円であることに比べ、**原子力発電の単価が3番目に高い発電方法であることがわかります。**

２０２１年７月、経済産業省は、総合資源エネルギー調査会のワーキンググループに、電源別の発電コスト（円／ｋＷｈ）の新しい試算（２０２０年と２０３０年）を示しました。２０３０年では、太陽光（事業用）が８円台前半～11円台後半となり、原子力の11円台後半より安くなりました。なお、２０２０年では、太陽光のほうが高くなっています。

原発事故の費用は国が立て替え

また、大島教授の試算には反映されて

いませんが、事故が発生した場合、施設の修繕や事故処理に加え、賠償費用もかかります。

２０１６年の政府有識者会議によると、福島第一原発事故の処理には総額で21・5兆円かかると見込まれています。このうち廃炉にかかる費用は東京電力が負担していますが、除染作業にかかる費用は国が立て替えており、東京電力が年２０００億円ずつ国庫に納めることで「返済」することになっています。

事故に関する費用はこれだけではなく、事故によって避難指示が出た地域の住民による訴訟も起きており、賠償額は今後も増加する可能性があります。

安全面の配慮や、事故が起きた際のリスクを考慮に入れると、原発のコストが低いとはいえないでしょう。いずれにせよ、電源別の発電コストを正確に計算するとともに、２０２０年12月に決定された「グリーン成長戦略」（１０５ページ参照）に沿って、再生可能エネルギーの割合をどこまで拡充できるかが今後の課題になっています。

A 放射性廃棄物の処理などを含めて試算すると割高

支出の疑問

17

Q 余裕がないはずなのに開発途上国を援助するの？

ODA予算はピークの半分以下

「ＯＤＡ」とは「Official Development Assistance」の略で、**開発途上国の開発を目的とした、政府や政府関係機関による国際協力活動のための公的資金のことです。**

日本は１９５４年から２０１９年までに１９０カ国・地域に対して支援を行い、その支出総額は67兆円です。２０２１年度のＯＤＡ事業予算（当初予算）の総額は、約２・４兆円ですが、このうち無償資金協力や技術協力といった二国間贈与は４８６０億円、円借款は１兆５０７１億円、国際機関への出資・拠出は４１９２億円となっています。

２０１９年の二国間ＯＤＡの実績では、輸送やエネルギーなどの経済インフラ・サービ

円借款 途上国が返済することを前提とした有償資金協力のこと

ODA事業予算（当初予算）の財源（2021年度）

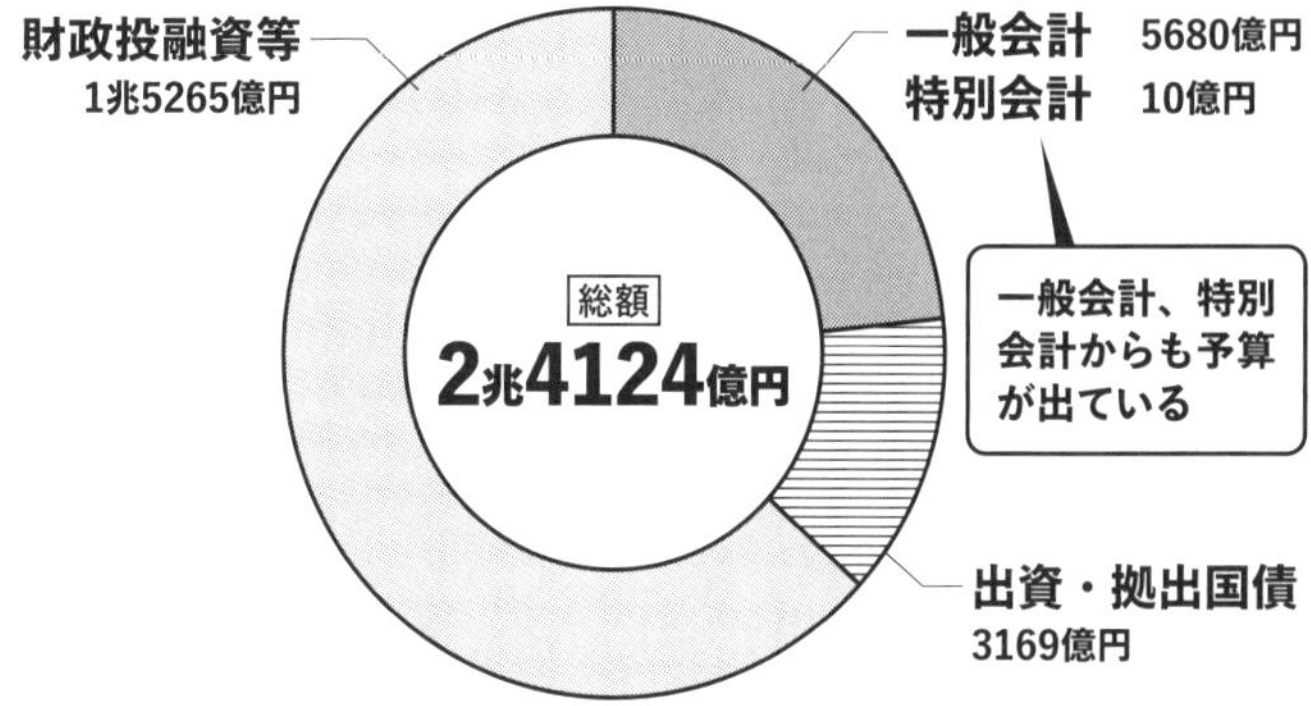

出所：外務省「令和3年度ODA事業予算（当初予算）の概要とその財源」

スが全体の52％を占め、教育・保健などの社会インフラ・サービスが14％、農林水産業・鉱工業・貿易などの生産セクターが14％と続きます。

最近では、人材育成やNGO支援などのソフトな協力が重視されており、インドに対する製造業経営幹部育成支援プロジェクト、東チモールに対する住民参加によるプライマリヘルスケア強化事業、ナイジェリアに対するポリオ撲滅事業、ニカラグアに対する視覚障害者への自立支援などがあります。

国際平和や世界各国の安全と繁栄の確保のためにODAは重要な意味をもっています。しかし、ODAは国の支出である以上、その財源は国の歳入によって賄

一般会計におけるODA当初予算の推移

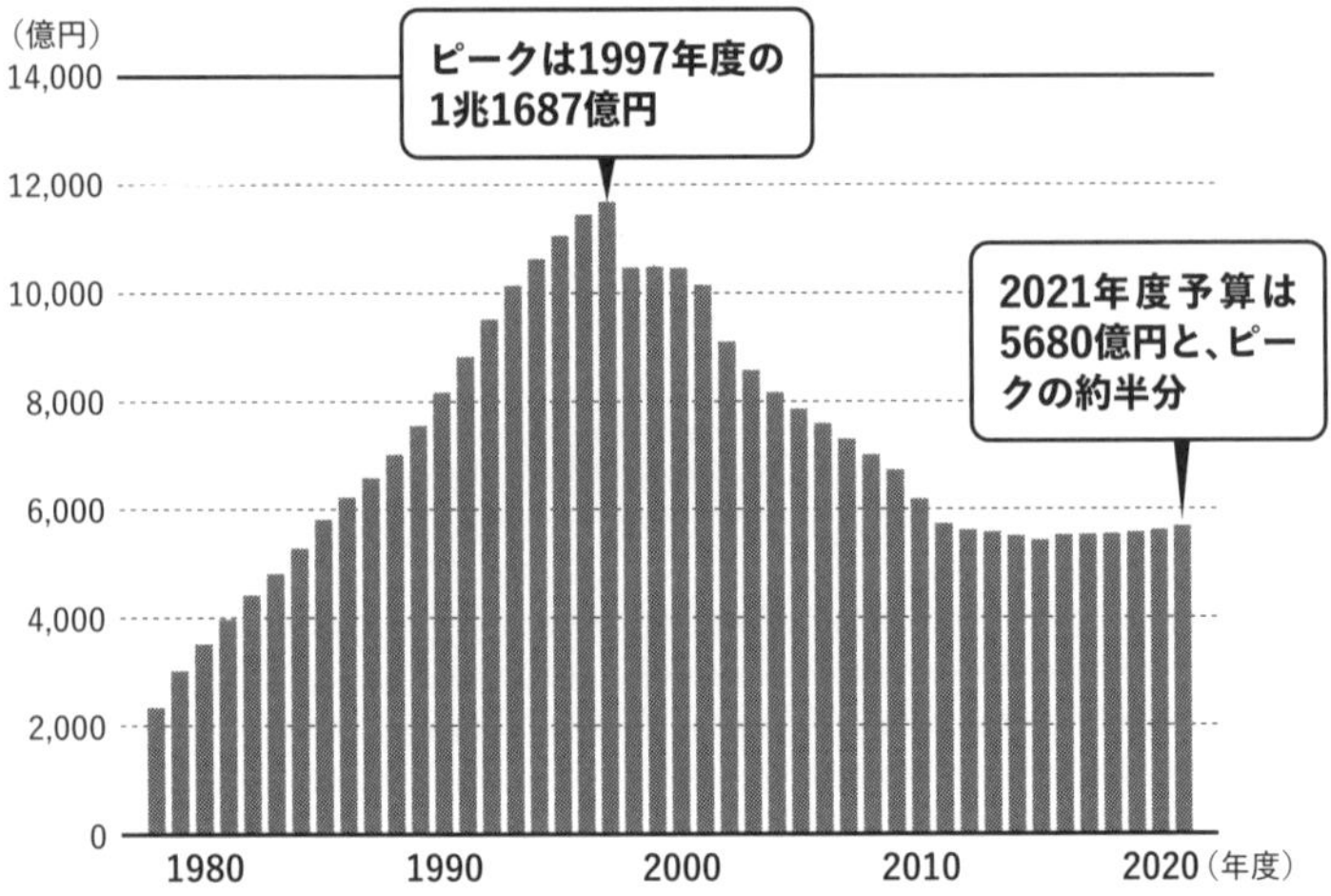

出所：外務省「一般会計ODA当初予算の推移(政府全体)」

われます。

実際、**国が払うODAの財源は、一般会計、特別会計、「財政投融資」、「出資・拠出国債」の4つがあります。**

また、ODAの財源となる「出資・拠出国債」は、国が現金の代わりに給付する債券のことで、国際機関へ出資、拠出する際に発行されます。

2020年度の外務省の発表によると、**近年のODAの一般会計予算は、実は減少傾向にあります。**

ここ数年では緩やかに上昇していますが、ピークであった1997年が1兆1687億円であるのに対し、2021年には5680億円と半分以下です。

1990年代にはG7中1位の援助国

財政投融資　政府が市場から調達した資金を財源に、政府系金融機関(日本政策金融公庫など)や特殊法人、地方公共団体を通じて行う出資・融資のことであったのが、現在では4位まで低下しています。また、OECD開発援助委員会（DAC）の統計によると、2018年の実績金額を人口数で割った数値は、DACに参加する29カ国中18番目となっています。

日本のODA関係予算は減少傾向にあり、他国と比べても小さいのです。

「裁量的経費」は増やしにくい

予算のなかには年々金額が増加しているものもありますが、どうして日本のODAの予算は減っているのでしょうか？

その答えは、ODAの予算の特性にあります。**国の歳出のうち、支出することが義務づけられている経費を「義務的経費」、政府の裁量によって増やしたり減らしたりできる経費を「裁量的経費」といいます。** 義務的経費である医療費や年金は法律に基づき支出が決まっていることから、お金がないからといって減らせるものではなく、また、高齢者数が増えると自動的に増えます。義務的経費は関係する法律を変えない限り削減することはできません。

それに対し、ODAなどの裁量的予算は、政治的な判断がなければ増えません。**ODA**

が、削減できる予算のひとつとして選ばれているといえるでしょう。

実際、財務省は近年の財政悪化に合わせてＯＤＡを少しずつ減らし、その結果、日本の開発援助は後退していきました。

しかし、ＯＤＡによって開発途上国の安定・発展に貢献することで、日本の信頼を高めることができます。ＯＤＡは、国際社会での信頼を高めるためのひとつの手段でもあるのです。また、ＯＤＡによって世界の産業の発達を促すことで、日本が安定的に資源を確保しやすくもなります。日本は他国に比べて資源が少ないことから、海外から資源を確保する必要があります。たとえば、世界の農業・漁業を救うことで、食料の安定的な供給を確保しやすくなるのです。こうした点も外交のひとつといえるでしょう。

外務省も、ＯＤＡの意義として「外交政策の重要な手段のひとつ」を挙げており、重要な意味を持った政策となっています。

A 日本の信頼を築くという重要な意味もあるため行われる

PART

4

借金の疑問

――赤字で大丈夫なの？

外国に比べて日本は巨額の「借金」を抱えていると報道されます。日本はどれだけ借金があるのか、なぜ巨額の借金をしてもすぐに破綻していないのか、ギリシャのように日本が破綻する可能性はあるのか、といった疑問ついて解説します。

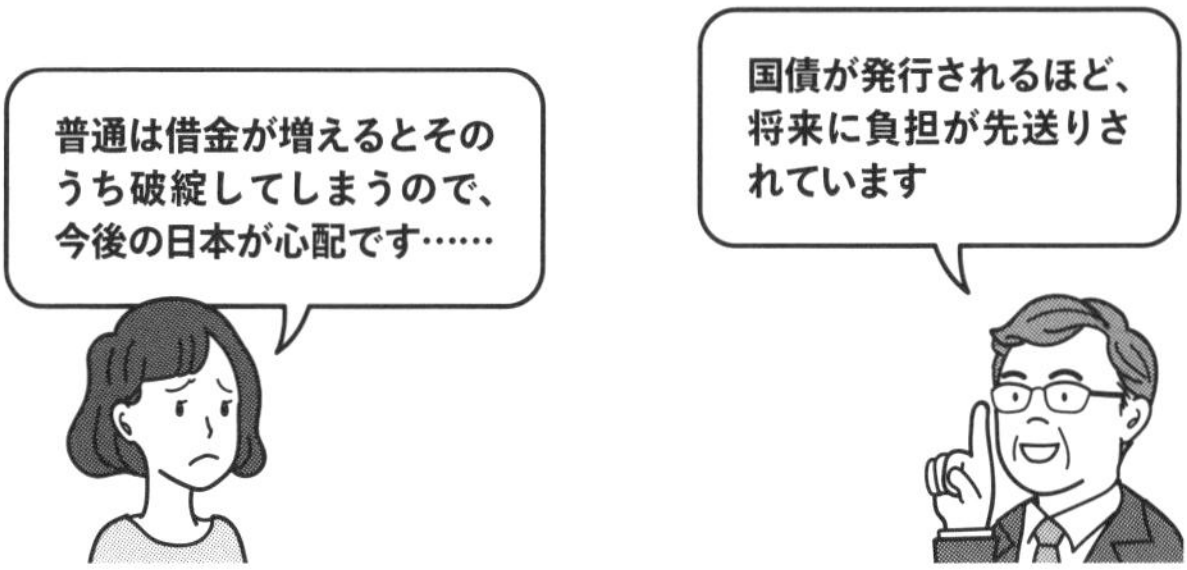
普通は借金が増えるとそのうち破綻してしまうので、今後の日本が心配です……
国債が発行されるほど、将来に負担が先送りされています

借金の疑問

国の借金について知ろう！

国の借金について、やっぱり額を見ると不安になります。もっと国債のことを詳しく知りたいです！

今すぐ破綻することはないといっても、将来的にどうなるかはわかりません。

そもそも、ほかの国は日本ほど借金をしているんでしょうか？

債務残高のＧＤＰ比をほかの先進国と比較すると、一番多く借金をしている国は日本です。

国際的に見ても、日本の借金は多いんですね！

そうです。２００９年にギリシャ危機が大きな話題になった際、「日本の借金はギリシャよりも多い」「日本もギリシャのように破綻するのではないか」という声がよく聞こえました。

私も、当時ニュースを見ながら不安に思っていました。実際のところ、日本はギリシャのようになるんでしょうか？　そもそも、どうして日本は借金を繰り返すことができるんでしょうか？　詳しいしくみを教えてください！

わかりました。本ＰＡＲＴでは、そういった、日本の借金にまつわる疑問にお答えします。

よろしくお願いします！

借金の疑問

01

Q 日本はどうしてたくさん国債を発行できるの？

民間の貯蓄によって経済収支が黒字になる

ＩＭＦ（国際通貨基金）によれば、２０２０年の日本の政府総債務残高の対ＧＤＰ比は約２６６％と、かなり高い数値になっています。Ｇ７のなかで日本に次いで高いイタリアでも１６１％ほど。日本はどうして多くの国債を発行できるのでしょうか？

この疑問においてキーワードとなるのが「貯蓄」です。実は、**民間の銀行は私たちの預金を運用するために、国債を購入しています**。そもそも銀行とは、国民や企業から預かったお金で運用を行う機関です。従来は企業にお金を貸すことで利子を得ていましたが、近年では企業側の貯蓄が増えて、資金需要が少なくなってしまった（つまり、企業がお金を

民間の貯蓄と国債の関係

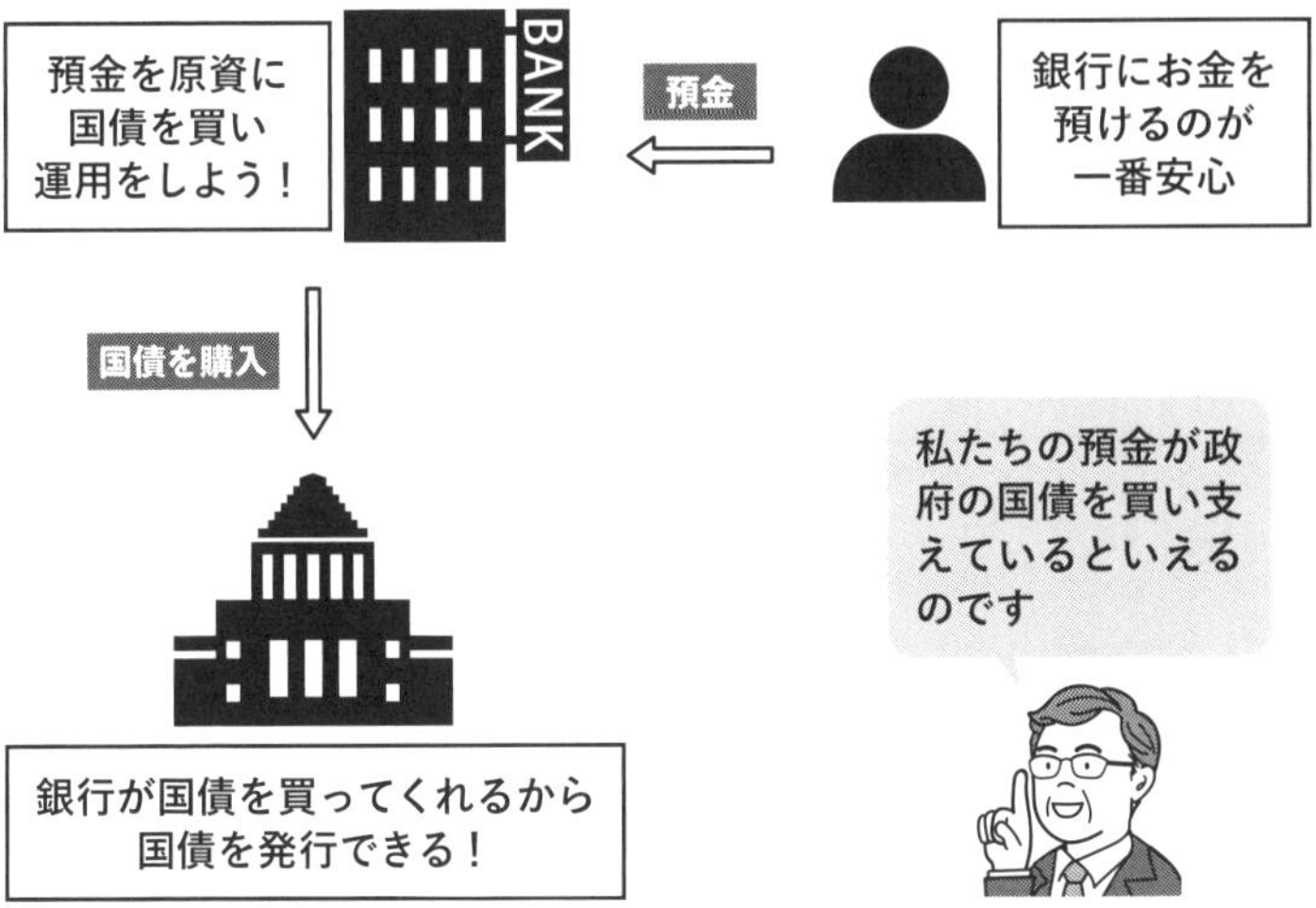
銀行にお金を預けるのが一番安心
預金
BANK
預金を原資に国債を買い運用をしよう！
国債を購入
銀行が国債を買ってくれるから国債を発行できる！
私たちの預金が政府の国債を買い支えているといえるのです

借りないようになった）ため、銀行は余裕資金で国債を運用しています。

　日本銀行が発表した「年資金循環の日米欧比較」（2020年8月）によると、家計の金融資産のうち現金・預金の割合（2020年3月末）は、日本が54・2％であるのに対し、アメリカは13・7％です。**日本人は預貯金を好む傾向があり、銀行はこの貯蓄をもとに国債を買っているのです**。

　家計がどれくらいの貯蓄をして、どれくらい投資をしたか。政府がどれくらい貯蓄をして、どれくらい投資をしたか。それらの差額は「貯蓄投資差額」という数字で表されます。具体的には、国内の経済を「家計部門」「企業部門」「政府部

G7　フランス・アメリカ・イギリス・ドイツ・日本・イタリア・カナダによる会議。また、この会議に出席する国のこと

門」の3部門に分け、それぞれの貯蓄と投資の差額を表したのがこの数字です。これが黒字であれば貯蓄のほうが多く、赤字になれば投資のほうが多い状態となります。

そして、**この3部門の貯蓄投資差額の合計は、国内全体の資金の過不足を表しています。**この3部門の合計が赤字ということは、国内ではお金が不足しているため、海外からお金を借りている、ということです。海外とのお金の貸し借りについては、「海外部門」という部門を見ればわかります。先述の3部門が赤字のときは海外からお金を借りている状態であり、海外部門は黒字になります。反対に、3部門の合計が黒字の場合は、海外にお金を貸し付けていることになり、海外部門は赤字となります。

内閣府「令和元年度国民経済計算年次推計」によると、家計部門は対GDP比で2・9%の黒字、企業部門は3・2%の黒字、政府部門は3・1%の赤字であり、これらの合計は黒字です。海外に資金を貸し付けていることになり、海外部門は4・1%の赤字となります※。つまり、政府部門収支は赤字でも、それを上回る家計や企業の貯蓄があるのです。

PIGSは経常赤字を抱えていた

2009年の秋以降、財政危機の可能性が高まったポルトガル、イタリア、ギリシャ、

※統計上の誤差があるため、家計部門、企業部門、政府部門の合計と海外部門の数値は正確に一致しない

スペインは、それぞれの頭文字を取って、しばし「ＰＩＧＳ」と呼ばれていました。

当時この４カ国は、財政赤字と経常赤字という２つの赤字を抱える状態でした。経常収支とは「海外との取引の収支」を示すものなのですが、実は、この**経常収支は、先ほど説明した海外部門の投資貯蓄差額と同じ意味です**（符合は逆になります）。つまり、当時ＰＩＧＳ４カ国が経常赤字だったということは、国全体の投資貯蓄差額が赤字であり、海外からお金を借りていたということです。

このとき、外国からお金を調達できれば（つまり、海外の投資家に国債を買ってもらえれば）問題ないのですが、それが難しかったため、ＰＩＧＳは破綻の可能性が高まりました。

ちなみに、アメリカは財政赤字かつ経常赤字であり、国内の貯蓄不足を海外から資金で賄っています。アメリカは成長力があるため、投資家がお金を貸すのです。

経常収支は国内と国外の資金のバランスを表すものであり、経常赤字になると破綻するわけではありません（ただし、破綻した国は経常赤字になっています）。

A　国民の預金を運用するため銀行が国債を購入するから

借金の疑問

02

Q 日本の国債が信頼されているのはなぜ？

格付けによって信頼度が示されている

16ページでは、大まかに、国債は信頼によって成り立っているという説明をしました。しかし、日本の国債はなぜ信頼されているのでしょうか？　また、その信頼とはどういう基準で判断されているのでしょうか。

投資家たちが国債の信頼性を判断する際に用いるのが「格付け」です。債券の発行体（国債であれば国、社債であれば企業）に対する格付けで、債券の利息の支払いや元本の返済が契約通りに行われるかどうかの確実性を表したものです。この評価は絶対的なものではありませんが、ある程度信頼できるものとして投資家に受け入れられています。

国債の信用格付け（ムーディーズジャパン）

格付け	例
Aaa	アメリカ(Aaa)、カナダ(Aaa)など
Aa	フィンランド(Aa1)、韓国(Aa2)、香港(Aa3)など
A	日本(A1)、中国、(A1)、アイルランド(A2)など
Baa	スペイン(Baa1)、イタリア(Baa3)など
Ba	ブラジル(Ba2)、ギリシャ (Ba3)など
B	トルコ(B2)、エジプト(B2)など
Caa	–
Ca	アルゼンチン(Ca)
C	レバノン(C)

※2021年1月現在　　出所：ムーディーズジャパン

格付けAとは

「中級の上位と判断され、信用リスクが低い」という評価。AのなかでもA1、A2、A3と格付けが分かれる

この格付けは民間機関によって行われます。アメリカの主な格付け機関はムーディーズやスタンダード&プアーズ（S&P）、日本では格付投資情報センター（R&I）などです。評価の表記方法は機関によってさまざまですが、「AAA」「BB+」「Caa2」というようにアルファベットやプラスマイナスの記号、または数字で表すのが一般的です。

日本は、2014年までムーディーズの格付けで「Aa3」でした。しかし、同年10月に予定されていた消費増税が見送られ、財政健全化の目標達成が不確実になったなどの理由で「A1」に引き下げとなりました。

Aの格付けとは「中級の上位と判断さ

れ、信用リスクが低い債務に対する格付」です。「A1」は、そのAのなかでも上位に位置することを意味します。ちなみに、近隣の国と比較すると、韓国は「Aa2」、香港は「Aa3」であり、日本を上回る格付けです。中国は日本と同様「A1」です。

財政以外にも評価基準がある

ムーディーズは評価の理由として、デフォルト（債務不履行）リスクの低さを挙げています。**日本は高税率のスウェーデンなどに比べると消費税率が低いなどまだ増税の余地があり、資金繰りも比較的容易であると考えられているのです。**

なお、ソブリン格付け（国に対する格付け）の詳しい基準は各社ホームページで公開されています。その基準を見ると、それが財政状況だけではないことがわかります。

たとえば、ムーディーズが公表するソブリン格付けの基準は、大きく分けて「経済力」「制度・ガバナンスの頑健性」「財政状況」「イベント・リスクに対する感応性」の4つがあり、これらの要素を総合的に見て最終的な格付けが判断されます。

たとえば、「経済力」の指標としては、GDPの一種である平均実質GDP成長率、名目GDPなどが用いられます。GDPとは国内で新たに生み出されたモノやサービスの付

信用リスク　国や企業などが経営不振などによって債務不履行（デフォルト）になる可能性

加価値のことですから、国内企業の活動がGDPに大きく影響します。「制度・ガバナンスの頑健性」とは、司法制度や市民社会、政策の有効性などを評価する項目です。頑健とは、一般的に「丈夫、健全」という意味で使われ、汚職事件など、政府の健全性が下がるような事態が頻発すれば、この項目にマイナスの影響を与えます。

S&Pの評価基準も「政治システムの評価」「経済評価」「対外評価」「財政評価」「金融評価」という5つの分野であり、ムーディーズとおおむね同様です。

日本は赤字財政が続いていますが、日本経済、司法制度などといった要因が評価されていることで一定水準の格付けを維持できていると考えられるでしょう。

実際、一部報道によると、S&Pはコロナ禍における日本経済を「深刻な長期的ダメージを受けることなく対処している」と評価しています。ただし、高齢化や長期的な低インフレを原因とする財政の脆弱さも同時に指摘されており、まさに急速に進む少子高齢化が日本の課題になっています。

A 財政だけでなく経済や政治システムなどが評価されているから

低インフレ インフレの一種。物価は上昇しているものの、物価上昇ペースが鈍化している状態。ディスインフレーションともいう

借金の疑問

03

Q 赤字国債はいつから発行されるようになったの？

赤字を補う「赤字国債」は法律で禁止されている

実際にどれくらい国債の発行額が増加しているのか、グラフで見てみましょう。

左図は国債の発行額の推移です。グラフ左端、1964年時点の国債の発行額がゼロになっています。**財政法では「国の歳出は公債または借金以外の歳入をもって、その財源としなければならない」と規定されており、本来、歳入不足を補うための国債発行は禁じられています**。そのため、1964年までは国債を発行せず予算を編成していました。

ただし、**財政法は国債のなかでも「建設国債」の発行を例外的に認めています**。これは公共事業や出資金、貸付金の財源として発行されるもので、たとえば道路や住宅、港湾な

建設国債と赤字国債の発行額(一般会計)の推移

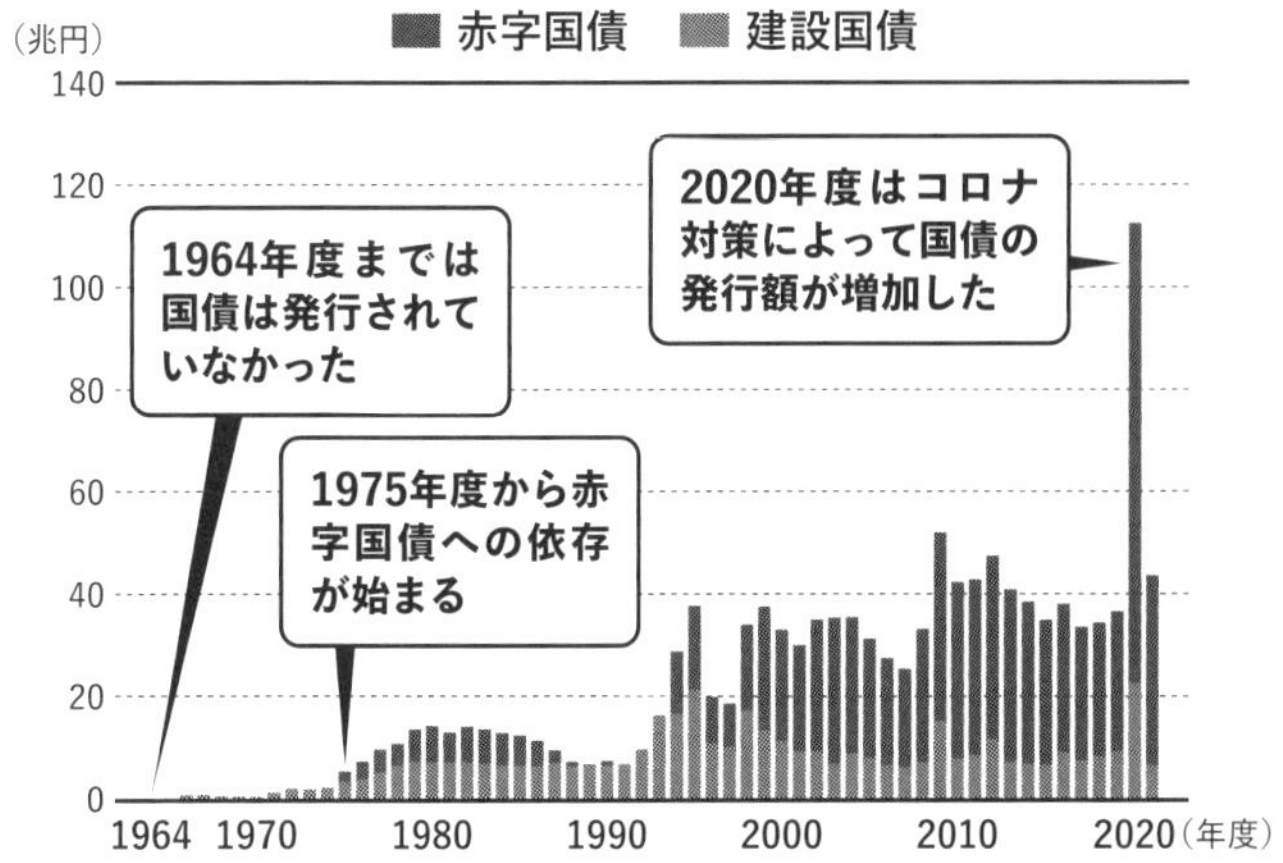

※国債発行額は、収入金ベース。元年度までは実績、2年度は3次補正後、3年度は当初予算

出所：財務省「戦後の国債管理政策の推移」

ど社会インフラ建設のために用いられます。

建設国債も借金ですが、資産が残り、将来世代もその便益を享受できることが発行の理由です。その一方で、経済効果の乏しい公共事業でも借金で賄ってしまうという問題があります。1970年代前半まではほぼ建設国債しか発行されていません。

しかし、グラフを見ると、その後は法律で禁止されているはずの「赤字国債」が発行され続けています。これは、公共事業などのためではなく、人件費、社会保障費など毎年継続して出る経費（経常経費）を賄うための国債です。**財政法の効力を停止するための期限付きの特例法**

総債務残高の国際比較（対GDP比）

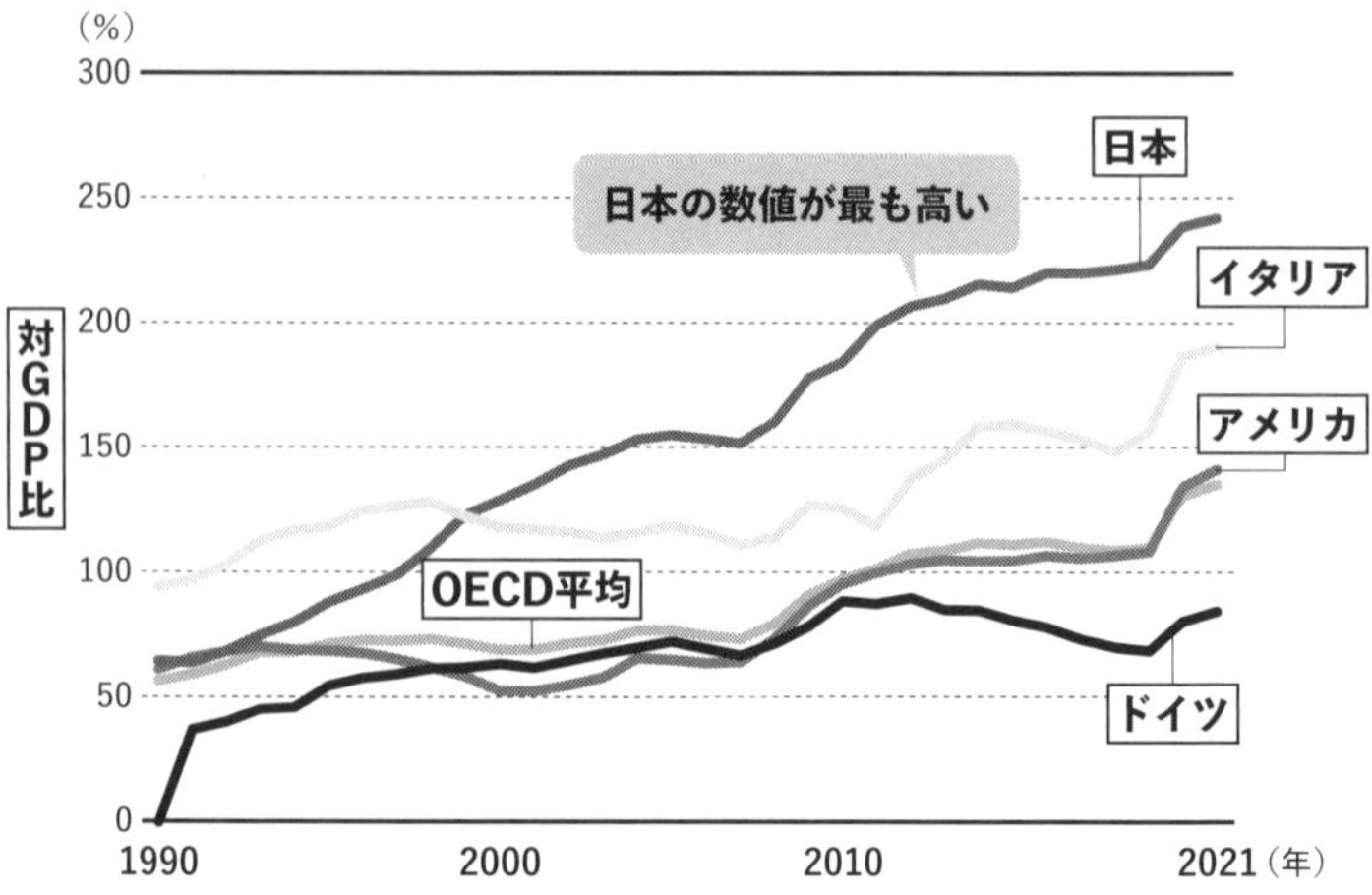

出所：OECD

をつくることで、一定期間の間は特別に赤字国債を発行できるのです。

この特例法の総称を「特例公債法」といいますが、この法律によって赤字国債の発行が常態化しており、「特例」ではなくなっています。

この赤字国債は1965年に一度発行され、その後1975年度から再度発行されるようになります。この年以降赤字国債の発行が常態化していったため、1975年度はターニングポイントだといえるでしょう。

国際比較で見る債務残高

日本の債務残高を各国と比較してみま

特例公債法　従来は毎年特例法が制定され1年限りで赤字国債の発行が認められていたが、2012年以降、複数年にわたって赤字国債を発行できるしくみが導入されたしょう。右ページの図は、「一般政府」と呼ばれる国・地方・社会保障基金を合わせた総債務残高の対GDP比について、主要国を比較した図です。総債務の「総」は、英語では「グロス」といいます。国によって経済規模が異なるので、債務の絶対額を比較しても意味がなく、国内総生産（GDP）に対する比率で比べます。

これを見ると、**日本は経済規模に対して約2倍の債務を抱えており、各国と比べても債務が多いことがわかります**。

債務はゼロにする必要はありません。重要なのは、債務残高の対GDP比を減少させることです。しかし、日本の現状は、債務残高の対GDP比が発散（無限に膨張）する状態であり、財政の持続可能性が問われています。

今後さらに少子高齢化が進み、潜在的な成長力が低下すると、分母であるGDPは小さくなり、持続可能性はますます低下するかもしれしれません。

A　1975年度を機に赤字国債が増加した

借金の疑問

04

Q

「国の借金」は誰から借りている？

日銀が国債を大量に買い付けている

公共事業の費用として、あるいは歳入の不足を補うために国が発行する国債ですが、国債が発行されているということは、国債を購入し、保有する人がいるということです。

左図にある通り、日本銀行の「資金循環統計」によると、「日本銀行」が44・5%を、「銀行等」や「保険・年金基金・公的年金」が38・1%を占め、13・1%は海外が保有しています。**計1043兆713億円の国債のうち日銀が約半分、銀行等や保険会社とあわせると8割以上の国債が国内で保有されていることになります。**

次に2014年から2021年までの内訳の推移を見てみましょう。とりわけ目につく

国債等の保有者別内訳

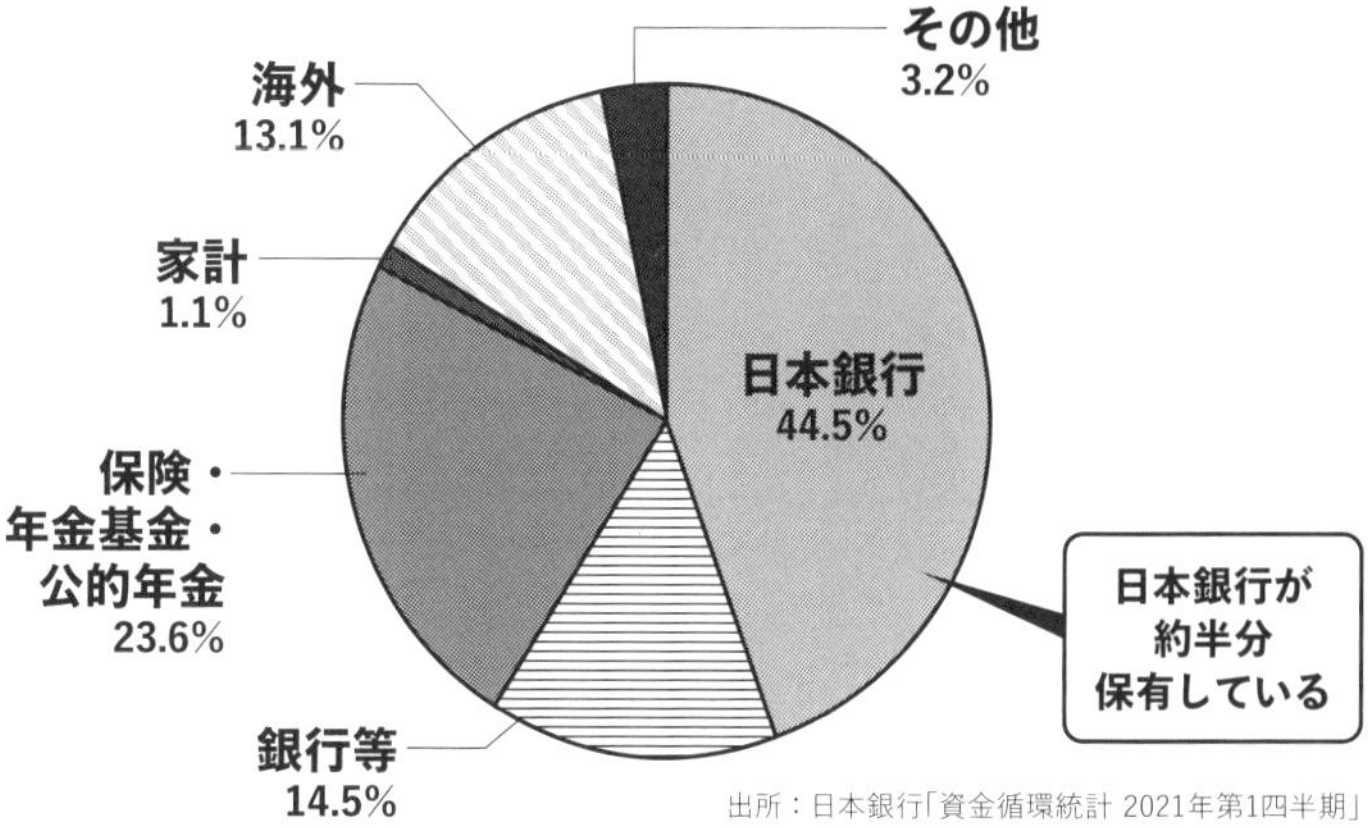

出所：日本銀行「資金循環統計 2021年第1四半期」

国債等保有者別内訳の推移

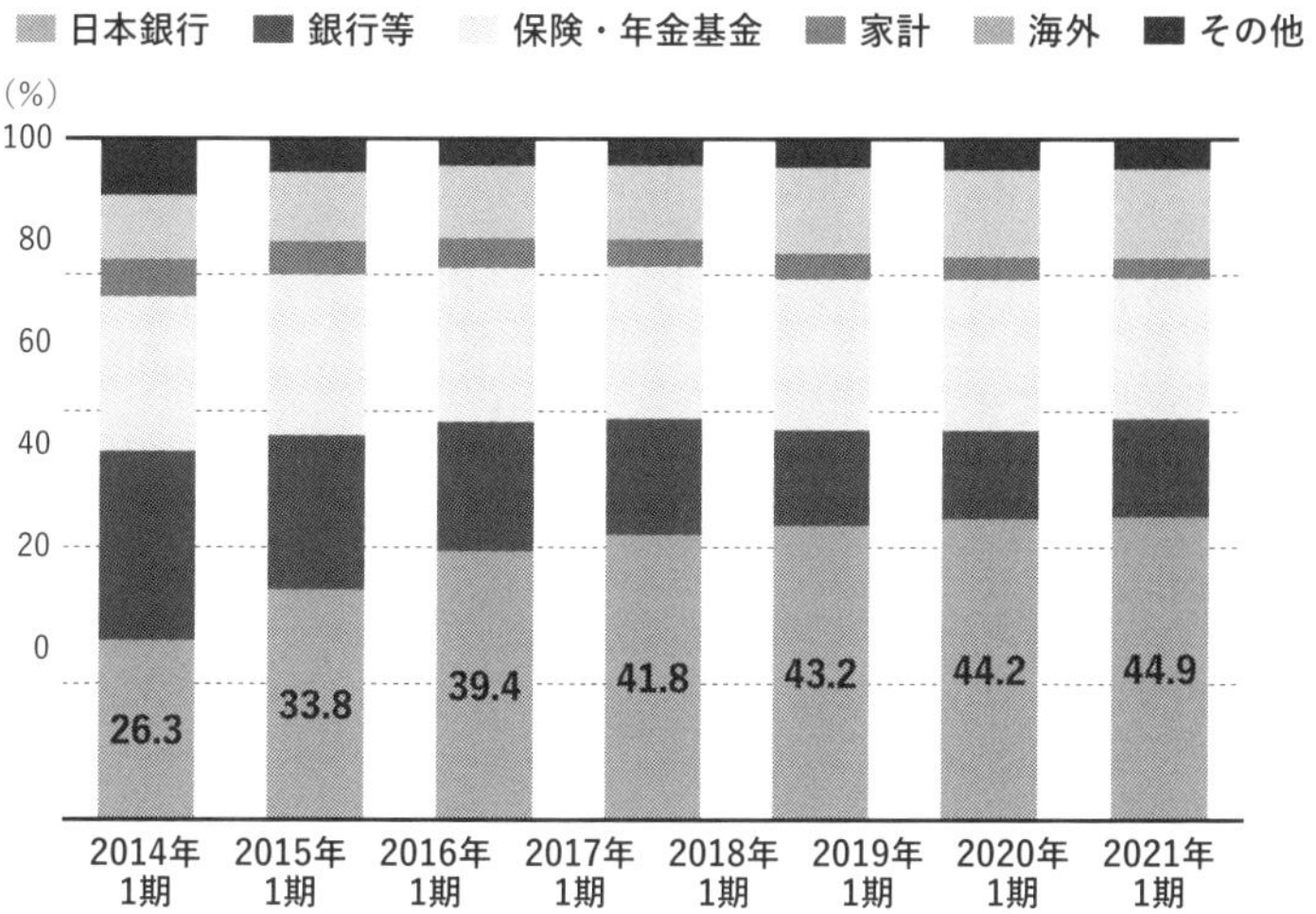

※国債・財投債・国庫短期証券の合計。その他は公的年金と家計を含む。
ここでの1期とは、四半期のうち各年1～3月を指す

出所：日本銀行「資金循環統計 2021年第1四半期」

国債金利の推移

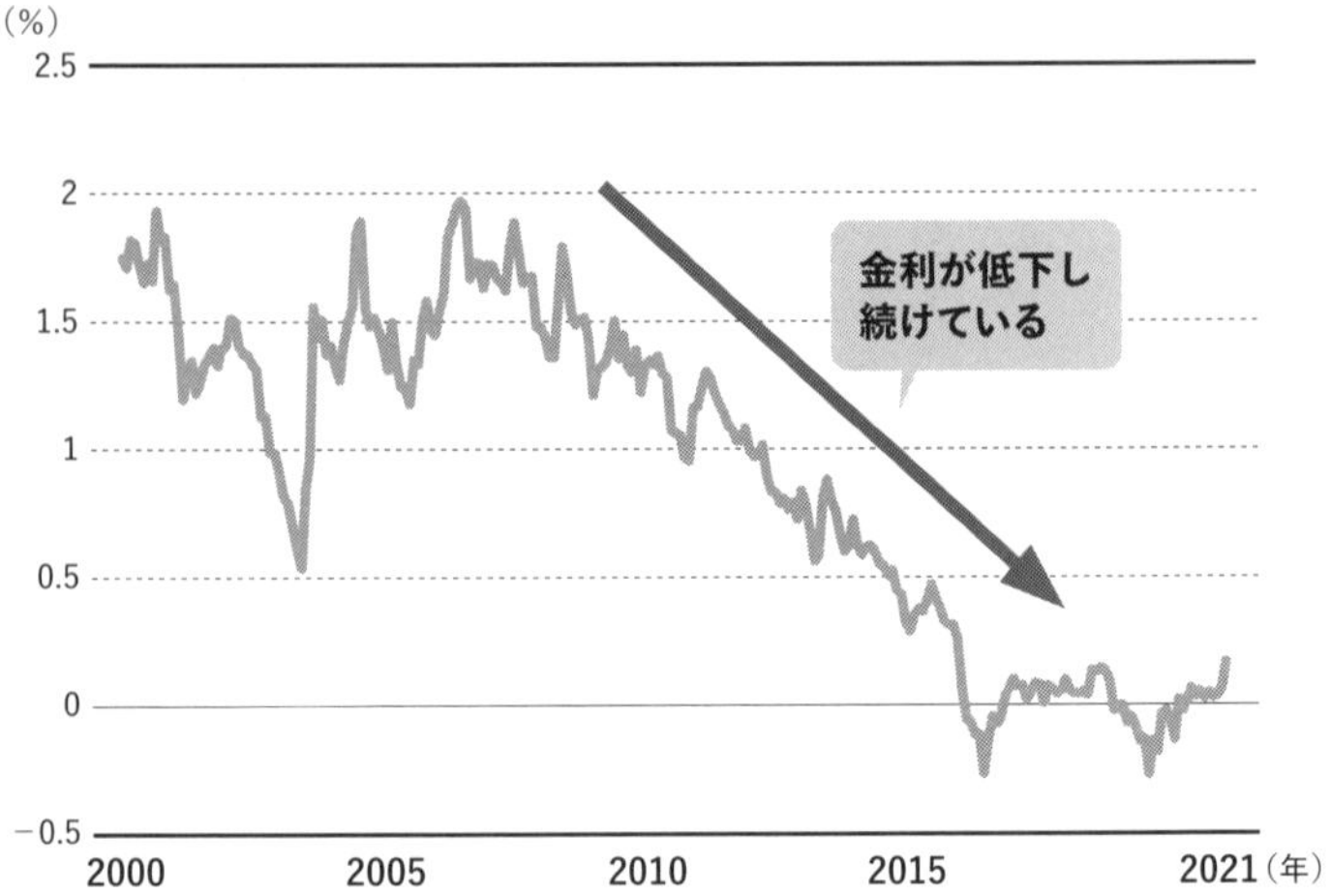

※10年国債の金利

財務省：「国債金利情報」を元に作成

のは、**銀行等の割合が年々減っているのに対し、日本銀行の保有割合が増えていることです**。その理由としては、2013年4月の金融政策決定会合で決定された「異次元金融緩和」が挙げられます(54ページ参照)。

　続いて、国債金利の推移を見てみましょう。国債金利とは、国債に投資した場合の利回りのことです。日本の国債金利は、異次元緩和政策が開始された2013年ごろから年々低下しており、一時期はマイナス金利になりました。金利がマイナスになると、国債に投資した人は損をします。それでも、異次元緩和政策によって日本銀行が国債を高い価格で買ってくれるため、民間の銀行はマイナス金利であっても国債を購入するのです。

海外頼りはデメリットもある

200ページでも解説した通り、現在の日本では民間の貯蓄が大きいため、海外の資金に頼ることなく国債を発行することができます。しかし、もしも民間の貯蓄が大きく減少すると、国内の貯金では国債を賄うことができず、海外の資金に頼ることになります。

経常収支が赤字になりますが、それが直ちに問題になるわけではありません。家計の赤字とは違います。しかし、**「海外頼り」の状態になり、もし、「日本は国債を返済できないだろう」と判断された場合には、国債が売られてしまい、買い手がつかなくなるという事態が起こり得ます。**そうなると、社会保障などの歳出を賄うことができなくなってしまうでしょう。実際に、アルゼンチンやブラジルなどではそうした危機が発生しました。

A 日銀や民間銀行からが大半 海外の保有率も増えている

借金の疑問

05

Q 日本もギリシャのように破綻する可能性はあるの？

粉飾決算の発覚が発端となった

2009年10月、ギリシャで政権交代が起こり、前政権が財政赤字を隠蔽し続けてきたことが発覚します。これを機に**ギリシャ国債の信用が急激に低下し、長期国債の金利は30％程度まで上昇しました**。金利の上昇は、国債の価格が暴落したことを意味します。価格が低下し、30％の金利をつけても、国債の信用力がないので、買い手がつかない状況になりました。

財政再建のため、ギリシャ国内では、消費税にあたる付加価値税が2010年に21％へと引き上げられました。ほかにも、年金の高額受給者への給付額引き下げや公務員のボー

長期国債　国債のうち、償還期間が5年超10年以下のもの

ギリシャの実質GDP成長率の推移

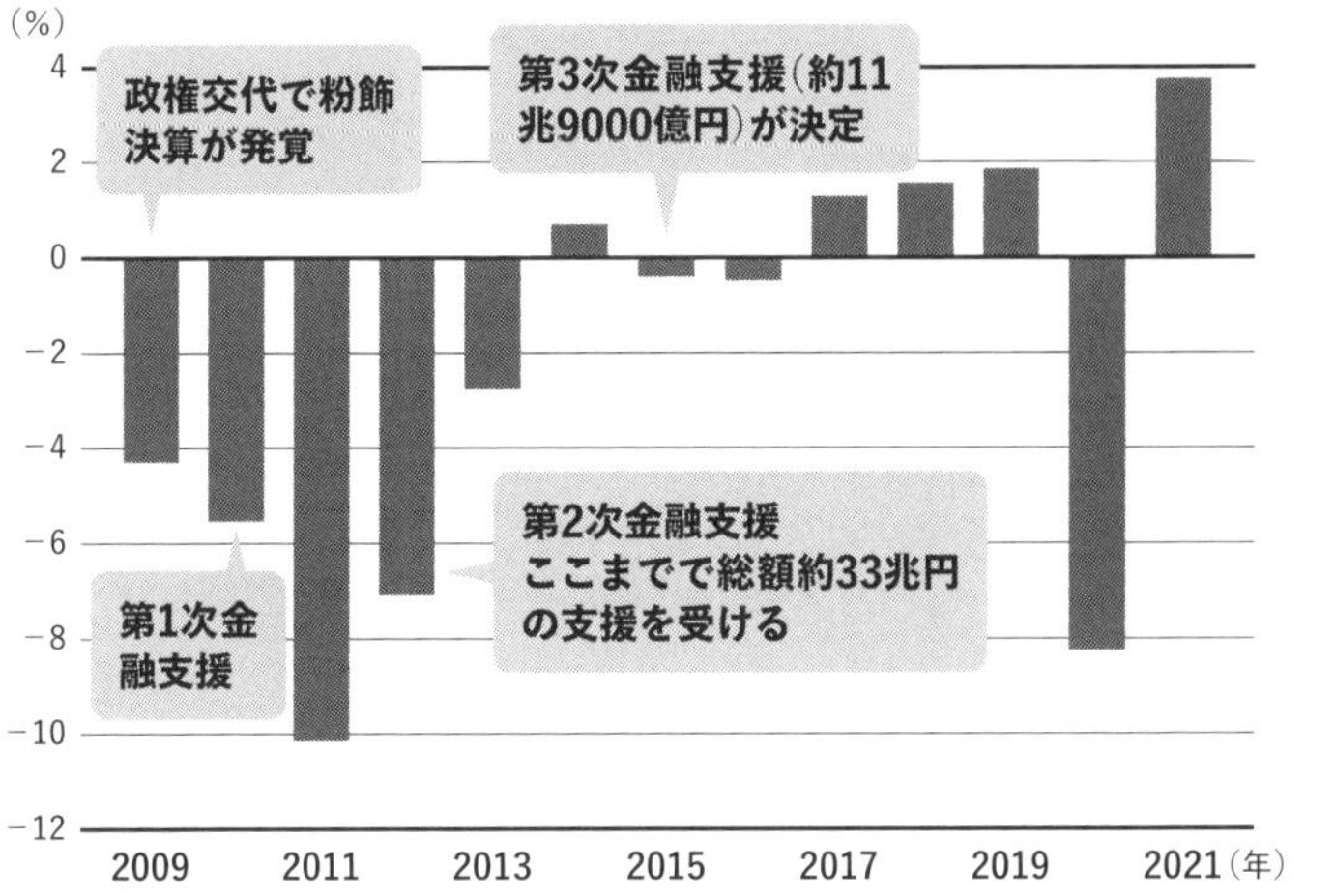

出所：IMF“World Economic Outlook Database, April 2021”を元に作成

ナスの削減など、国民生活への影響が大きかったため、各地で暴動が起き、死者が出るなど大きな騒ぎとなりました。

この結果、**ギリシャ危機以前の２００７年と、ＥＵによる第３次金融支援が終了した２０１８年を比べると、ギリシャの経済規模、すなわちＧＤＰは４分の３にまで縮小しました。**ＧＤＰ成長率で見ても、２０１１年はマイナス10%となっており、ここからも経済が縮小したことがわかります。

一定の緊縮措置（増税や歳出削減）は避けられませんでしたが、ＩＭＦなどが支援の条件として課した緊縮措置は過酷過ぎたと批判されました。

さらに、行き過ぎた緊縮によって、ポ

ピュリズムを掲げる政党（ポピュリスト政党）が躍進しました。ポピュリズムとは、「大衆に迎合して人気を煽る政治思想、政治姿勢」のことです。エリートを批判し、大衆と同じ立場であることを強調し、大衆を扇動することが特徴です。当時のギリシャの場合、2015年の総選挙で、緊縮反対を掲げるポピュリスト政党が当選し、財政再建が困難になると思われました。当選後はEUからの金融資金を得るために増税や年金カットなどの緊縮を行ったことから、国民の反感を買う結果となりました。

本来はできないはずの借金を繰り返していた

新型コロナウイルス感染症拡大による世界的不況において、日本も同じ状況に陥るのではないかと心配する声も上がっています。しかし、結論からいうと、**日本とギリシャは経済状況において異なるので、いますぐに日本の財政が破綻してギリシャのようになる、ということはないでしょう**。

203ページでも触れたように、当時のギリシャは財政赤字、経常赤字の2つの赤字を抱える状態でした。通常、国内が貯蓄不足で、政府や企業などの資金需要（事業に必要なお金）が高いと金利は上昇します。それでも海外から安定的に資金を借りることができれば問題ありませんが、国の信用力が低下すると、金利はさらに上がります。高い金利を払っても、資金を調達できなくなれば破綻となります。

通常はこうした兆候が表れるのですが、ギリシャの場合、信用力のある共通通貨ユーロに参加していたことから、兆候は現れませんでした。その結果、粉飾が発覚するまで国債の金利が上がらなかったのです。金利が低いということは、償還時の利払いが少なくてすむため、国債を発行しやすい状態といえます。実際、２００４年にアテネオリンピックが開催されたこともあり、ギリシャは、公共事業などを賄うために大量に国債を発行しました。こうした状態が続き、本来は抱えられない額の「借金」を抱えたことで破綻につながったのです。**ギリシャ危機の根源は、ユーロ参加により財政規律が緩んだことにあります**。

日本も大量に国債を発行しているものの、現在は経常収支が黒字であり、民間の貯蓄によって国債を賄えています。ただし、今後も経常黒字を維持できるかはわかりません。高齢化により民間貯蓄は減少すると見られているからです。

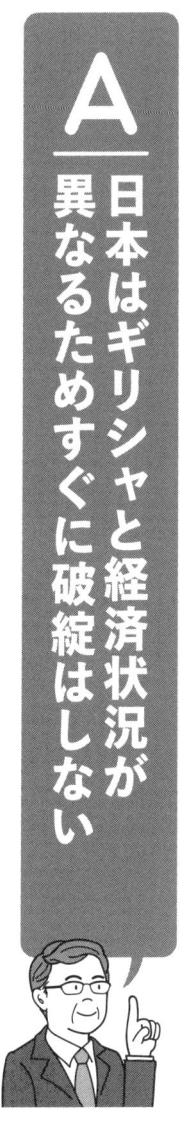

A 日本はギリシャと経済状況が異なるためすぐに破綻はしない

借金の疑問

06

Q どうしたら財政再建ができるの？

これまでの財政再建の試みはほとんど失敗

日本では、債務残高が右肩上がりで増加していますが、これを食い止めるため財政再建が何度も試みられています。１９９０年代末までは、財政法の特例措置である特例公債からの脱却目標が１９７６年、１９７９年、１９８３年、１９９７年に導入されました（それぞれ脱却目標年度が異なります）。

特に、１９９７年の目標は、「財政構造改革法」という特別の法律を制定して、財政再建を進めようとする、当時としては画期的な取組みでした。これは、欧州のマーストリヒト条約の財政ルール（一般政府財政赤字の対ＧＤＰ比を３％以下とする）にならって、国

マーストリヒト条約　欧州共同体首脳会議で合意された条約。EU創設などを規定

と地方の財政赤字を3％（対GDP比）以下にするものでした。2000年以降は、国と地方を合わせたプライマリーバランスを黒字化する目標が何度も導入されています。

これらの取り組みは、1983年に導入された目標を除いて、いずれも失敗しています。1983年の目標は、バブル経済の恩恵を受けて税収が増えたことで、1990年度当初予算において達成（特例公債の発行がゼロ）されました。

最近では、第2次以降の安倍政権で、2020年度までにプライマリーバランスを黒字化する目標が2013年に導入されました。しかし、アベノミクスで経済は上向いたものの、これも達成できず、目標年度が2025年度に後ろ倒しされています。

財政再建を成功させるためには予算制度改革が重要

これまでの財政再建が失敗したのは、いずれも景気の悪化を受けて、政府が景気対策のために国債を増発し、歳出増や減税を行ったからです。日本に限らず、多くの国でこれまで財政再建のため財政ルールや数値目標が導入されていますが、多くが失敗しています。景気は常に好況と不況を繰り返します。これを景気循環といいます。財政再建に当たっては、景気循環を踏まえて財政運営を行うしくみが必要です。

OECD主要国の透明性と純金融負債（2010年）

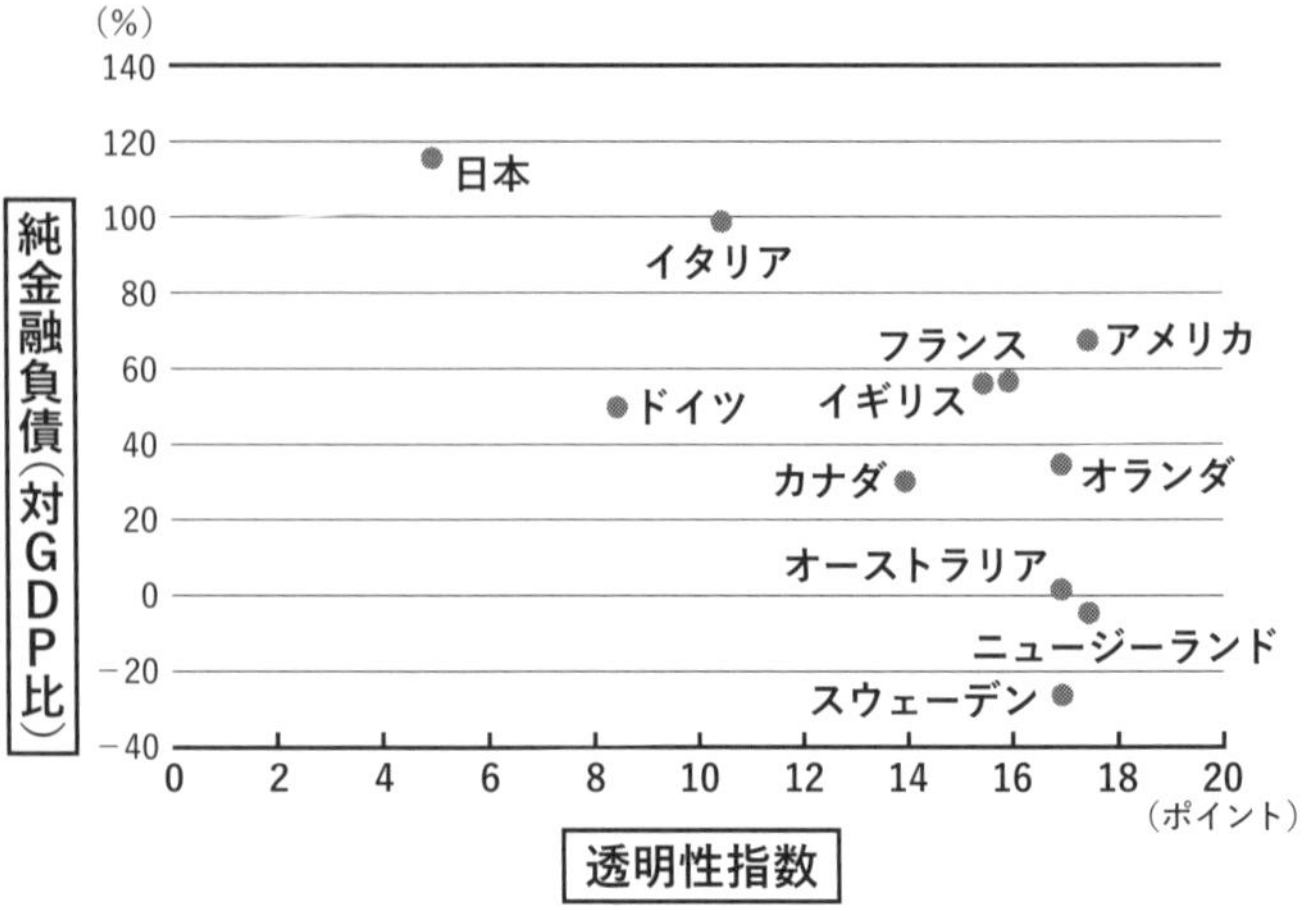

※透明性指数とは、20の基準で各国の透明性の水準を評価したもの（最高が20点）

出所：田中秀明『日本の財政』（中公新書、2013年）

欧州連合は、ギリシャ危機を経験して、関連する条約や手続きを改正しました。財政ルールについては、名目の財政収支を目標にするのではなく、政府の裁量的な政策を示す「構造収支」を目標にしています。景気循環による赤字は許容する一方で、裁量的な赤字を抑制するためです。さらに欧州連合加盟国は、複数年度を視野に入れた中期財政フレームや、独立財政機関などを導入することが義務付けられています。

財政赤字が拡大する根本的な理由は、政府部門には出と入を均衡させるインセンティブ（誘因）が働きにくいことです。政治家たちは、選挙で勝つために自分たちに関係する予算を増やそうとします。

構造収支　名目の財政収支（収入と支出の差額）は、景気循環によって生じる収支と政府の裁量的な政策（景気対策など）によって生じる収支の合計であり、後者のこと彼らは税収を気にする必要がないからです。

こうした問題を克服するためには、政治家たちに財政規律を守らせる実効性ある予算制度が必要です。国際比較研究によって、優れた予算制度を導入した国ほど財政赤字が小さいことがわかっています。特に重要なのは、予算や財政の透明性を高めることと予算編成における意思決定を集権化することです。集権化とは、簡単にいえば、首相や財務大臣がトップダウンで予算の大枠や内容を決定できる強い権限を有することです。

予算制度を抜本的に改革して財政再建に成功したのがスウェーデンです。スウェーデンは、1990年代はじめ、バブル経済が崩壊して財政赤字が拡大し危機的な状況に陥りました。そこで、財政ルールに加え、厳しい中期財政フレームを導入しました。向こう3年間の歳出の上限（シーリング）を設定し、国会が議決します。国会が再議決しない限り、上限を変更することはできません。**こうした改革の背景には、国民が危機感を共有したことがありました。**財政規律を守らないと、福祉国家が崩壊することを国民が学んだのです。

日本は予算の透明性が低く財務大臣の権限も弱い

日本の予算制度は財政再建に成功した国のそれと比べると脆弱です。第一に、透明性が

独立財政機関　独立の立場で財政政策の分析や政府への提言などを行う機関で、行政府内の委員会や国会の組織などの形態がある

低いことです（図参照）。たとえば、当初予算では歳出を抑えることができても、補正予算ではしばしば規律が緩んで歳出が増えます。日本でも一定のシーリングが導入されていますが、特別会計や補正予算などは対象外です。スウェーデンの場合は、国債費だけ例外となっていますが、補正予算を編成しても、このシーリングを守る必要があります。

また、日本では、予算編成に合わせて決定される経済見通しは常に楽観的です。スウェーデンなど財政規律を維持している国では、経済見通しは控えめに設定されています。そこで、注目されているのが独立財政機関です。予算編成では政治的なバイアスが働きやすいため、専門家が経済や財政の見通しを推計したり、政府に対して助言や勧告を行います。先進諸国では、日本以外のほぼすべての国で独立財政機関が導入されています。

いずれにせよ、予算制度を改革しない限り、財政再建は難しいのです。単に財政目標を導入しただけでは成功しません。日本は、これまでの失敗を学ぶ必要があります。

A 国民が危機感を持つことと予算制度改革が財政再建へのカギ

EXTRA
EDITION

地方の財政

——自治体間の格差はなくしたほうがいい？

国だけではなく、地方自治体も税金を集め、サービスを提供しています。自治体にはどういった財源があるのか、自治体ごとに格差はあるのか、さらに、自治体が破綻してしまったらどうなるのかなどについて解説します。

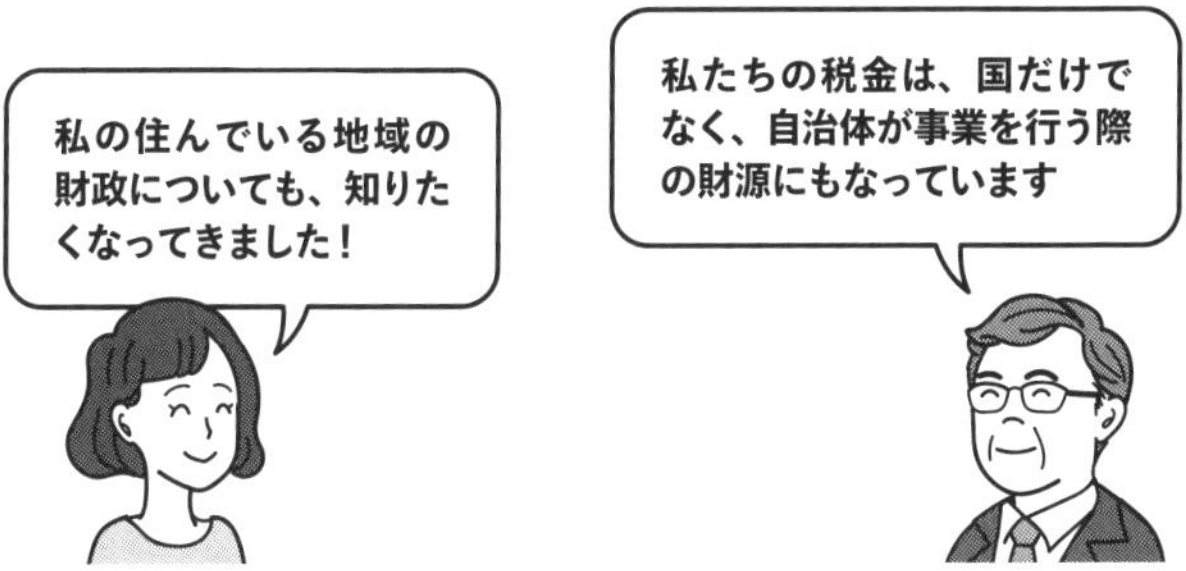
私の住んでいる地域の財政についても、知りたくなってきました！
私たちの税金は、国だけでなく、自治体が事業を行う際の財源にもなっています

地方の財政

01

しくみ

地方財政の歳出歳入 約100兆円の内訳

地方の財政も生活に関わる

ここまでは財政について勉強してきたことで、それが私たちの生活に深く関わっていることがわかりましたね。

はい！　私たちが納めている税金や保険料について、勉強になりました。

しかし、財政は国の話だけではありません。自治体は地域に密着したサービスを提供しており、私たちの生活に関わっています。そこで、このＰＡＲＴでは地方の財政に

地方財政の歳入・歳出の内訳（2019年度決算ベース）

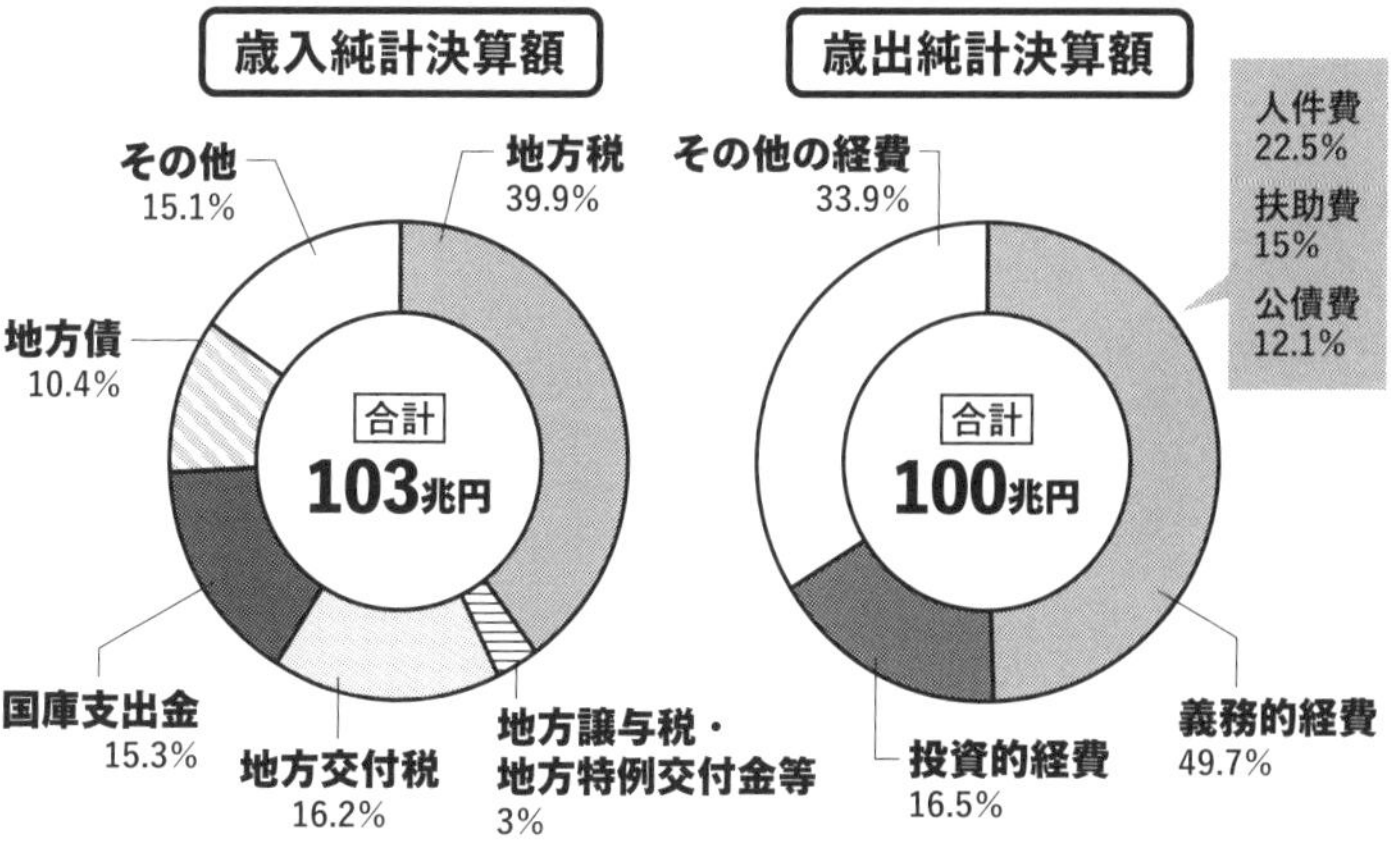

※ここでいう純計は都道府県の市区町村の歳入・歳出の合計のうち、重複分を除いたもの。また、小数点2位以下を四捨五入しているため内訳と合計の数字が合わないことがある

出所：総務省「令和3年版地方財政白書」

も目を向けていきましょう。

地方のさまざまな財源

さっそくですが、地方財政はどれくらいの規模なのでしょうか？

2019年度の決算ベースでみた都道府県と市区町村を合計（純計）した歳入総額は約103・2兆円です※。このうち、都道府県の歳入総額は約51兆円で、市区町村は約61兆円です。内訳を見ると、地方税が約39・9％、地方交付税が16・2％、地方債が10・5％となっています。

※地方自治体の会計は、普通会計と公営事業会計に分かれており（それぞれ国の一般会計と特別会計に相当）、ここでの数字は普通会計のもの

地方税が4割ほどしかないのですね。もう少しあると思っていました。

地方交付金（２３０ページ参照）や国庫補助金、地方債（２３８ページ参照）などさまざまな財源で補っています。そもそも、地方財政は約１７００の自治体の総体です。このうち、**自治体の多くは財政力の弱い団体です。そういった団体は、財政的に国に頼っています**。といっても、国の歳入の約4割は借金なので、国は借金して地方を支援しているのが現状です。

多くの自治体は国に頼っているんですね……。

次に歳出を見てみましょう。２０１９年度の決算ベースの総額は99・7兆円です。このうち、都道府県の歳出総額は約49兆円で、市区町村の歳出総額は約59兆円です。このうち、**人件費・扶助費・公債費は「義務的経費」と呼ばれ、歳出総額の約半分を占めます**。人件費は、地方公務員の給与として払われるお金ですね。扶助費とは児童手当や生活保護など福祉にかかる支出（地方負担分）です。公債費は、国の歳出と同様、債券やその利子の返済に使われるお金です。

国庫支出金　国が地方公共団体に対して支出する負担金、委託費、特定の施策の奨励または財政援助のための補助金など。使い道は決められている

「投資的経費」や「その他経費」とは何でしょうか？

投資的経費とは、道路、橋りょう、公園、公営住宅、学校などの建設に要する「普通建設事業」のほか、災害復旧事業費及び失業対策事業からなっています。その他の経費には、物件費とかオリンピック組織委員会への補助、プレミアム商品券事業などさまざまな補助事業費などが含まれます。

なるほど！

自治体によって財政の大きさは異なるため、自治体の財政を個別に見ると交付金や税収の割合は大きく変わりますが、地方財政全体ではこういった状態です。

財政のポイント

地方財政全体での税収は約4割であり多くの自治体は国に頼っている

地方の財政

02

しくみ

東京と地方では格差があるって本当？

どの自治体でも一定のサービスを提供するための地方交付税

227ページで「地方交付税」という名前の経費が出てきましたね。気になったのですが、そういう名前の税金を私たちが納めているんですか？

正確には「地方交付税交付金」といい、税金ではなく、歳出のひとつです。**自治体間の財源の不均衡を調整するために、国が代わって税金を徴収し、自治体に再配分するお金です**。総務省は「国が地方に代わって徴収する地方税」と説明しています。

どうして地方の代わりに国が徴収しているんですか？

自治体によって税源に大きな差がある一方、全国どこでも一定のサービス水準を維持する必要があります。そのため、お金の足りない自治体に地方交付税を配分しているのです。財源は、国が集めた「所得税および法人税の33・1％」「酒税の50％」「消費税の19・5％」「地方法人税の全額」です。これらの割合は法律で決まっています。

そのお金はどうやって割り振っているんですか？

さまざまなサービス提供のために必要な基本的な支出（基準財政需要）と、想定される収入（基準財政収入）の差額を配分します。**足りない分を埋めるように算定されています**。東京都は支出より収入のほうが大きいので、地方交付税は交付されません。

自治体間には「逆格差」が存在する

予算や決算だけで比較すると、一見東京の財政は豊かで、地方の財政は厳しいように

都道府県別人口ひとりあたりの一般財源（2019年度）

順位	都道府県	人口ひとりあたりの一般財源
1	島根県	39万1202円
2	岩手県	35万9613円
3	鳥取県	35万7433円
4	高知県	35万5238円
5	東京都	33万3274円
⋮	⋮	⋮
43	愛知県	16万7498円
44	福岡県	16万7305円
45	千葉県	15万5094円
46	埼玉県	14万6441円
47	神奈川県	13万1587円

出所：総務省「令和3年版地方財政白書」

東京などの都市部より、地方のほうが金額が大きいことがわかります

見えます。しかし、自治体ごとに人口規模が大きく異なるので単純な比較はできません。

そうだったんですね！

自治体が豊かか貧しいかなど実態は、人口ひとりあたりの財政規模を見るとわかります。２０１９年東京都の人口ひとりあたりの一般財源は33・3万円ですが、鳥取県は35・7万円です。

あれ、意外と地方のほうが多いですね……！

一般財源　自治体が自由に使えるお金。地方税・地方譲与税・地方特例交付金および地方交付税の合計額

鳥取県と愛知県を比べてみましょう。ひとりあたりの地方税は愛知県のほうが大きく、鳥取県の約１・４倍ですが、ひとりあたりの地方交付税は、鳥取県は愛知県のなんと約25倍です。**これは「逆格差」といってよいでしょう。**

なぜそうなるのでしょうか？　愛知県の人は損しているようにみえます。

その理由は、先ほど説明した算出方法にあります。基準財政需要の算定に当たっては、福祉サービスは人口、義務教育は教職員数や児童数、道路は面積など、サービスごとに基準が異なります。つまり、**人口規模以外の要素も勘案されるため、一部の自治体で手厚くなるのです**。地方交付税は、財政力の弱い自治体ほど配分されますが、特に山陰、四国、九州に手厚く、過剰な再配分とも指摘されています。といっても、財源を保障するために、国も地方も借金に頼っています（２３８ページ参照）。

財政のポイント

地方のひとりあたりの一般財源が都市部より多い「逆格差」が起きている

財政力　自治体を運営するのに必要な経費に対して、自前の税収などがどれくらいあるかを示す数値

地方の財政

03

動向

東京都の予算規模はスウェーデンに匹敵する!?

スウェーデンの国家予算に匹敵

財源の一部を国に頼っているとはいえ、東京都など、自治体によっては大規模な予算を組んでいます。たとえば、**2021年度の東京都の当初予算は、スウェーデンの国家予算に匹敵すると発表されています。**

えっ！　ほかの国の予算よりも大きいなんて……！　具体的には、東京とスウェーデンではどれくらいの予算が組まれたんですか？

一般会計、特別会計、公営企業会計を合わせた額は15兆1579億円。一方、スウェーデンの国家予算は約14兆6000億円です。

それだけ多いと、税収もたくさんあるんでしょうね。

2021年度一般会計の当初予算の歳入は約5兆円。税収は歳入全体の約68％です。

とても多いですね！　ほかの自治体では、税収は何割ほどあるんですか？

同年の神奈川県の一般会計当初予算では、税収は約1・1兆円、歳入の55・8％です。大阪府でも同年の一般会計当初予算で税収が約1・2兆円、歳入の約34・5％です。東京都には多くの企業や人が集まるため税収を確保しやすく、また、人がたくさん東京に住めば、その分住民税が集まりやすくなります。神奈川県や大阪府といえども、税収は少なく、地方交付税に頼っているのが現実です。

地方税は、地域間の偏りが大きいんですね！

公営企業会計｜水道事業や病院事業など、自治体が経営する企業活動に関わる会計の種類

ひとりあたり税収の最大と最小の都道府県

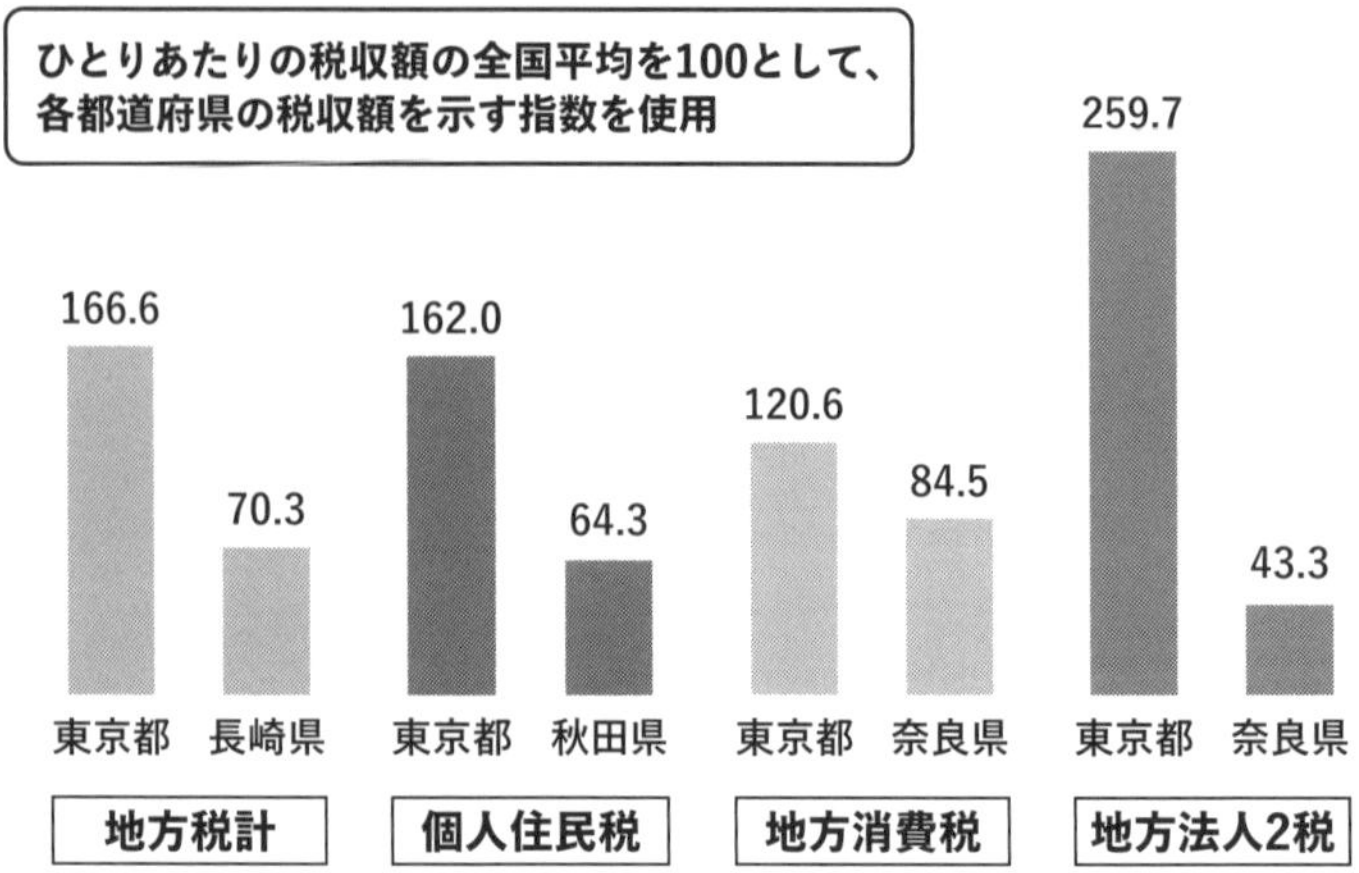

出所：総務省「令和3年版地方財政白書」

上図を見ても、どの税目においても東京都に税金が集まりやすく、自治体間で税収に差があることがわかります。特に偏在が大きいのが法人関係の税で、これまで何度も改革が行われてきました。消費税を10％に引き上げる際、法人２税を減税し、減税額をそれぞれ地方法人税と特別法人事業税という国税に変更しました。

それでどうなったのでしょうか？

簡単にいえば、東京など大都市から法人関係の税を取り上げて、地方に再配分しました。税収の偏在は縮ま

法人2税　法人住民税と法人事業税。改革後、地方法人税は全額地方交付税の財源になり、特別法人事業税は全額、譲与税として人口に基づいて都道府県に配分された

りましが、これに対して東京都は「地方自治に反する」と怒っています。これにはもっと本質的な問題があります。国が集めて配分するため、自治体の裁量が低下し、住民の負担意識も希薄になります。そもそも、**地方が法人関係の税に頼っていることが問題です**。法人税は特に景気の影響を受けて大きく増減するため、住民の基礎的サービスを提供するための財源としてはなじみません※。

そうだったんですね……。この問題は、どうすれば解決できるんでしょうか？

地方は、住民税や固定資産税、消費税などを中心とし、法人関係の税は国税とすることです。税源を国と地方で交換します。特に、地方は、住民の受益と負担ができるだけ均衡するようなしくみとすべきです。より高い水準のサービスを望むなら、より負担するのです。それが地方分権のあるべき姿でしょう。

財政のポイント

税源に大きな偏在があるため どのように調整するかが課題

※連邦国家では州が法人税を徴収しているが、その規模は小さい。単一国家では地方の法人税はほぼない

地方の財政

04

動向

自治体も国のように借金しているの？

目的に応じて県債が発行される

227ページのグラフにも示した通り、自治体の財源のひとつに地方債があります。県が発行しているものは「県債」、市なら「市債」ですね。

この地方債は何に使われているのでしょうか？

地方債には、その目的などによって種類があります。たとえば、**「一般会計債」「公営企業債」「臨時財政対策債」などです。**一般会計債は公共事業や公営住宅の建設、災

害復旧事業、地域活性化などの地方単独事業のために、公営企業債は水道事業や電気・ガス事業、下水道事業などのために発行しています。

発行額が増加している「臨時財政対策債」

地方交付税の財源は、所得税などの一定割合と決まっているため、景気後退で税収が減ると、地方交付税も自動的に減ってしまいます。それでは財源不足になります。**これを国と地方が折半して補てんすることになっており、地方分のために発行するのが臨時財政対策債です**。

足りない分は、やっぱり借金で補うんですね……。

臨時財政対策債元利償還費は、地方交付税を算定する際に必要な経費として計上されるため、地方自治体の負担はないと説明されています。**臨時財政対策債は、各自治体の判断で発行されているわけではありません**。国が1年間の発行総額を決めて、それを適宜、各自治体に割り振っています。そのため、各自治体の債務なのに、借金して

地方債現在高の推移（2019年度末）

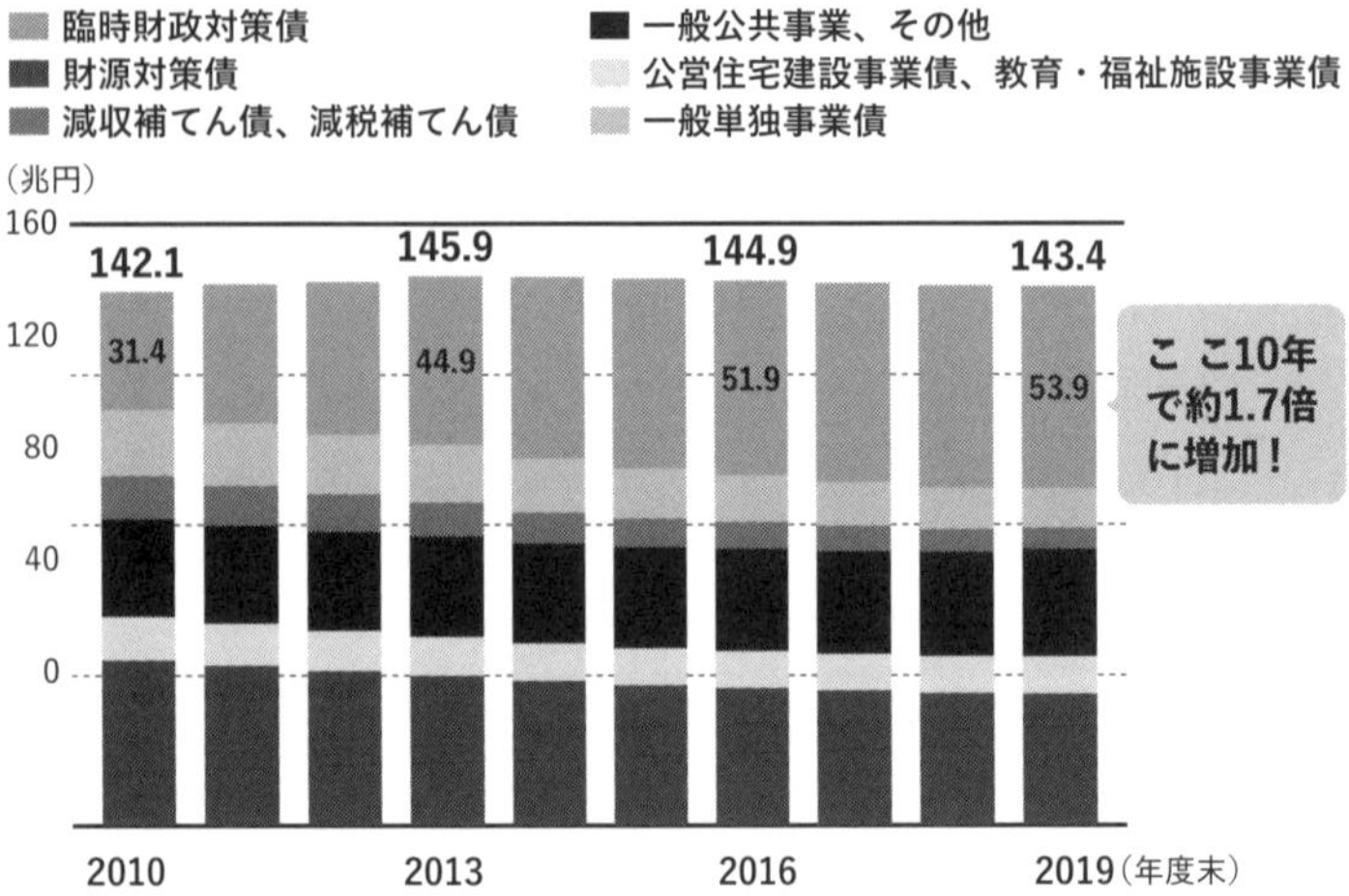

※端数切り捨て表記

出所：総務省「令和3年版地方財政白書」

いる意識が薄くなる、という問題があります。臨時財政対策債の残高は年々増加しており、問題視されています。

地方債が多くなるほど、その地域に住む人の将来の負担が大きくなると考えると不安です……。

臨時財政対策債などは地方交付税で手当てされるため、特定の地域というより、全国民、特に都市部の住民が負担することになります。国庫補助金なども含め、自治体は財源不足に対応するため国に頼ります。本来は「自治体が自分で財源を確保し、

地域に合った公共サービスを提供する」ことが地方財政の理想ですが、実際は難しいのです。**地方が財政的に国に頼れば、「地方分権」ではなく「中央集権」になります。**

どうにかできないんでしょうか？

根本的な問題は、地域間で税源に格差があることです。**地方分権や自治体の自主性を真に望むならば、一定の格差は許容しなければなりません。他方、国民が全国一定のサービス水準を望むならば、地方分権は達成できません。**もちろん、分権か否かといった二者択一の問題ではありませんが、進むべき方向として、どちらを向くかが問題です。これは選択の問題です。たとえば、アメリカは連邦国家で、各州の自律性が高いですが、他方で、教育などのサービス水準は州によって大きく異なります。州の自律性が重要であり、連邦政府による格差の是正は憲法違反にもなります。

財政のポイント

自治体も借金に依存しており、特に臨時財政対策債が問題になっている

地方の財政

05

動向

夕張市はなぜ破綻したの？

ハコモノ行政で失敗した夕張市

自治体も債券を発行することがわかりましたが、地方債の発行が増えて、財政悪化が進むとどうなるかを考えてみましょう。

自治体の財政悪化というと、夕張市の財政破綻が思い浮かびます。どうして破綻してしまったんですか？

夕張市の場合、**主要産業だった石炭産業が衰退した後、まちおこしのために借金で公**

ハコモノ行政｜公共施設の建設に重点を置く政策

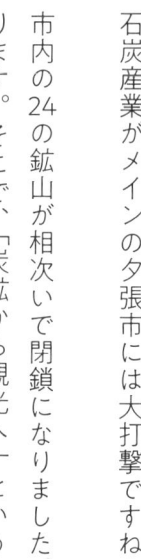

共事業などを大幅に増やしたことが破綻の原因です。夕張市はかつて石炭の街として栄え、1960年には人口も約12万人まで膨れ上がりました。しかし、1960年代に「石炭から石油へ」と国のエネルギー政策が転換されます。

石炭産業がメインの夕張市には大打撃ですね！

市内の24の鉱山が相次いで閉鎖になりました。産業がなくなると街が成り立たなくなります。そこで、「炭鉱から観光へ」というスローガンのもと、廃墟や廃屋の撤去、インフラの整備、観光産業への投資を始めました。リゾート地やスキー場が続々と建設され、借金が膨張しました。**1990年代にはすでに財政再建団体への移行が避けられないほどに財政状態は悪化していました**。

財政再建に向けて厳しい指導を受ける

当時も国は財政再建団体移行を助言していましたが、当時市長だった中田鉄治氏は「夕張市はエネルギー政策の転換の犠牲になったのだから、国が責任をとるべきだ」とし

財政再建団体｜国から指定を受け、指導の下で財政の建て直しを目指す地方公共団体

夕張市の財政再建メニュー

	計画事項概要	具体例
歳入関連	市税引き上げ	・個人市民税の均等割500円増、所得割0.5％増 ・固定資産税0.5％増 ・軽自動車税1.51倍
	各種サービス有料化	ごみ処理手数料新設
歳出関連	各種事業見直し	特に不採算観光事業の全面廃止
	人件費削減	・職員6割リストラ（4年以内） ・職員給与3割減 ・市長給料6割減
	経費４割削減	——
	維持補修費削減	公共施設休廃止、小中学校の統合
	各種繰出金の閉鎖	市立病院、観光事業などが閉鎖

観光業への転換が失敗していたため見直し

市内に7校あった市立小学校は1校に統合

出所：夕張市「2007年財政再建計画書」

て反対しました。さらに、会計上の操作を行うことで15年近くも赤字をひた隠しにしたのです。北海道新聞の報道によると、**２００６年６月には負債総額は５００億円にも上るとされています。**同年度の夕張市の税収は約９・４億。税収の50倍もの借金を背負っていたのです。

そんなに大きな借金があったとは！

その後は財政が破綻し、２００７年に財政再建団体に指定されます。赤字を改善するための指導を受け、**市職員のうち１３９人が解雇、給与は平均４割の減給、公園や文化・スポー**

ツ施設、集会施設などは原則として閉鎖されました。税金面では、個人市民税の均等割・所得割（３０００円→３５００円、６％→６・５％）固定資産税（１・４％→１・45％）軽自動車税（標準税率の１・５倍）と、超過課税が行われます。

厳しい対応が取られるんですね……。現在は財政再建が達成できたんでしょうか？

破綻から４年後の２０１０年３月には新たな法律がつくられ、夕張市は新たに「財政再生団体」に指定されました。当初の財政再建計画に比べて若干緩和されましたが、**２０２１年の７月時点での市債の残高は１３９・５億円と、未だ健全化の途中といったところです。**夕張市は厳しい財政再建を求められたため、ほかの自治体へ警鐘を鳴らしました。また、今後全国で急速に人口減少が進むので、夕張市のような施設やサービスのリストラが大なり小なり必要になるでしょう。

財政のポイント

ハコモノ行政によって借金が膨張 現在も財政再建の途中

財政再生団体 従来の財政再建団体にかわるもの。「地方公共団体の財政の健全化に関する法律」の施行によって導入された。2021年時点では該当団体は夕張市のみ

地方の財政

06

しくみ

「ふるさと納税」の返礼品 高価なものが送られるしくみ

地域のアピールになるふるさと納税

自分を育ててくれた「ふるさと」に対して、自分の意思で納税できる制度があってもよいのではないかという提言をもとに始まった施策が「ふるさと納税」です。

それなら知ってます！　特産品がもらえる制度ですよね。

自分が今住んでいる自治体に納める予定の住民税の一部を、ほかの自治体に寄付する制度で、「納税」とはいっても実際は寄付として扱われます。２０００円の自己負担

で返礼品をもらえるのが特徴です。

知り合いが「ふるさと納税でカニが届いた」と喜んでいました。でも、自治体にはどんなメリットがあるんですか？

人口の少ない地域は、通常税収が少なくなります。しかし、ふるさと納税によってほかの自治体に住んでいる人から寄付を受けることで、収入を増やせるのです。

自治体は豪華な返礼品を送っているイメージがありますが、損しないんですか？

特産品など魅力的な返礼品を用意することで、寄付する人たちの注目を集められるため、地元産業の宣伝になります。そうして**特産品の認知度・評判が高まれば、取引や観光客、移住者の増加にもつながるため、地元経済の活性化が期待されます**。これが、ふるさと納税を行う意義とされます。

地域のアピールになるんですね。

また、返礼品の競争やアイデアによる地方産業の活性化を兼ねています。珍しいものだと、大分県由布市は返礼品として新電力おおいたの「電気」を提供していました。

電気を返礼品!?

ただし、実際にはほかの地域からの電気も混ざっていることから、特産品ではないとして総務省からＮＧが出されてしまいました。おもしろいアイデアが出る一方で、過熱した返礼品競争は負の側面もあります。過去には、Ａｍａｚｏｎのギフトカードなど、換金性の高い返礼品で高額の寄付を集めることが問題になりました。

ギフトカードって、地元と何の関係もないじゃないですか……。

当然、地元産業の活性化にもなりません。また、ある町では**寄付金のうち9割が返礼品を用意するのに使われ、ほかの事業にはわずかしか回らなかったということがあります。**

それって、お金を集めるためにお金を使った、ということですよね……。

そうですね。そこで、返礼品ではなく寄付金の使い道をプロジェクト化し、それに対して応援を募る「クラウドファンディング」の取り組みなども行われています。さらに、返礼品の調達費が「寄付金の3割以下の地場産品」に制限されることになりました。しかし、これによってめぼしい特産品がない地方にとって不利な状況となったともいえます。

まだまだ課題が多そうですね。

高所得者ほど優遇される問題

この制度の問題点はほかにもあります。たしかに地域振興の効果はあると思いますが、**高所得者に有利な制度であり、不公正が生じてしまいます。**

どういうことですか!?

クラウドファンディング　事業を実現するため、インターネット上で不特定多数の人から資金を募るしくみ。資金を提供した支援者は返礼を受けられることもある

ふるさと納税で増収しても地方交付税は減らない

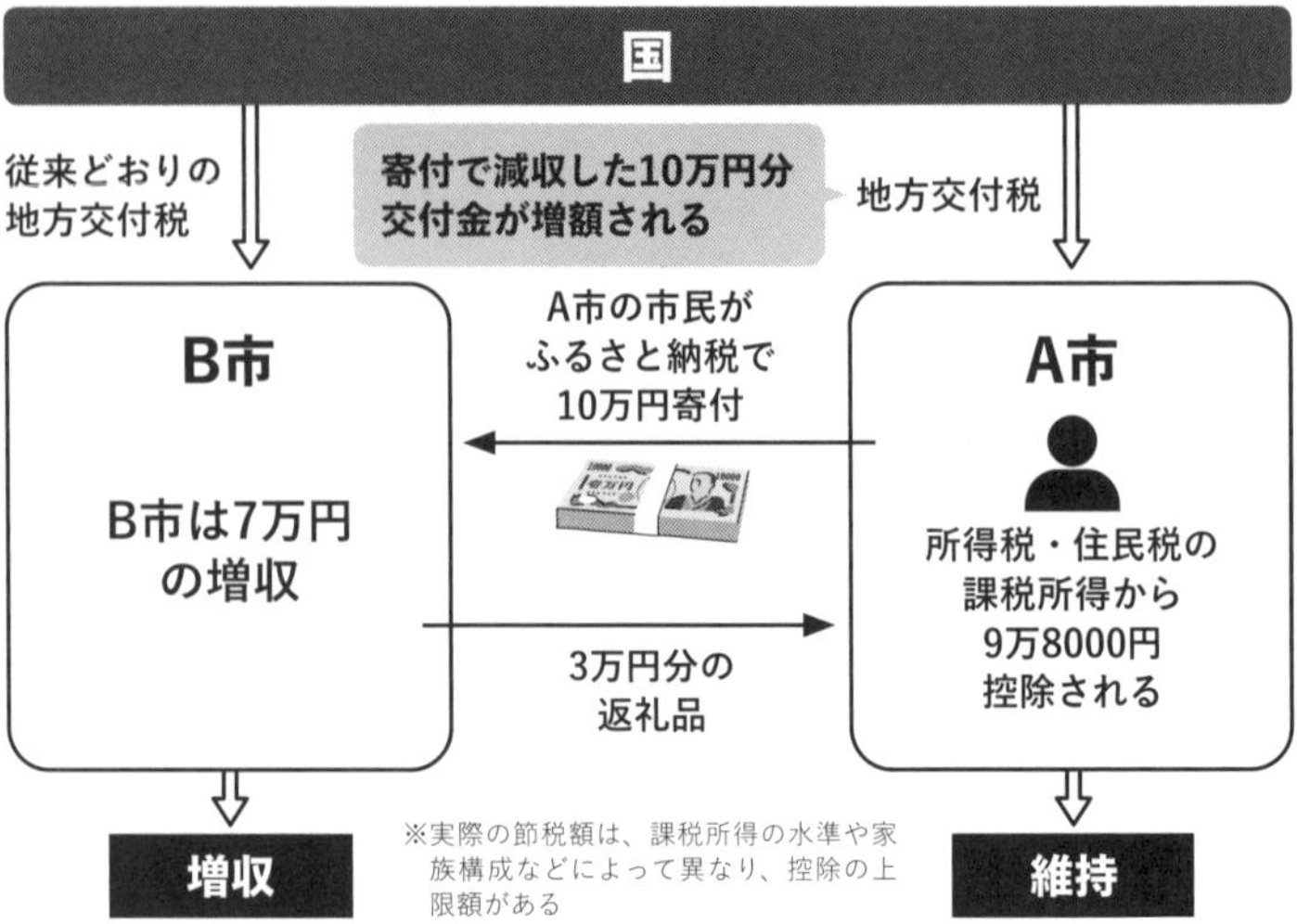

返礼品によって得した分を差し引いて、寄付金を課税対象から控除するならばまだわかります。しかし、実際はそうではありません。10万円寄付し、3万円相当の返礼があるのに、9万8000円分控除できるのはもはや「脱税」です。そして、高所得者ほど所得税率が高いので、減税される金額が大きくなります。

だ、脱税……。

もっと大きな問題は、ふるさと納税は、高所得者を優遇し、その負担を全国民に転嫁していることです。寄付を受けた自治体は収入が増えるの

で、本来は地方交付税を減らすべきです。しかし、地方交付税を算定する際、この寄付金は自治体の収入としてカウントされないため、地方交付税は減額されません。つまり、**地方交付税に加え、ふるさと納税の寄付金も追加的な収入になるのです。**

なるほど……。

他方、寄付者が住んでいる自治体は税収が減ってしまいます。その自治体が交付団体であれば、地方交付税で減収分は補てんされます。しかし、**東京などの不交付団体は一方的な減収になります。**もしも東京が税収の減少を理由に増税したとすると、都民の負担が増加します。いずれにせよ、ふるさと納税にかかるコストはタダではなく、**高所得者がより恩恵を受ける分、国民の誰かが負担することになります。**少なくとも返礼品の価格分は所得控除できないようにするなど、制度の見直しが必要でしょう。

財政のポイント

地域振興の効果はあるもののコストは国民の誰かが負担している

不交付団体｜地方交付税が交付されない自治体のこと

地方の財政

07

動向

地方の活性化策「地方創生」とは？

地方の人口減少が背景

最後に、地方を活性化させるための取り組みをもうひとつ解説しましょう。兼本さんは「地方創生」という言葉を聞いたことはありますか？

何となく、テレビなどで目にしたことがあります！　地域を活性化させるための取り組みというイメージはありますが、正直何をしているのかわかっていません……。

地方創生は２０１４年に始まった政策です。**若年女性（20～39歳）の人口減少と、地**

方から大都市圏への流出によって地方の人口が減少していることから、この2つを是正し、活気ある日本社会の維持を目指したものです。

そうだったんですね！

特に、2010年から2040年にかけて、若年女性の人口が5割以下に減少する可能性のある市区町村は「消滅可能性都市」と呼ばれ、存続の危機にあるとされています。**2014年時点で消滅可能性都市の推計数は896。なんと市区町村全体の半分です**。東京23区で唯一豊島区が消滅自治体と指摘されました。

自治体が消滅してしまうかもしれないなんて……！　そんなに深刻な事態だったとは知りませんでした。早く対応しないといけませんね。

現在、「安定した雇用の創造」「地方への新しい人の流れをつくる」など4つの基本目標をもとに地方創生が進められており、地元の名産品を活用した食品の販売、イベントの開催といった事例が多く行われています。たとえば、ニュースなどでたびたび取

地方創生の事例

田んぼアート
（青森県田舎館村）

政策分野

雇用の創出

概要

色の異なる稲を使って巨大な絵を描き、観光振興をはかる

結果

2015年　観覧者数34万人、展望料収入6200万円

2016年　展望料収入9300万円

道の駅「保田小学校」
（千葉県鋸南町）

政策分野

雇用の創出　地域の連携
人の流れをつくる

概要

廃校を道の駅にして都市と農山漁村の交流拠点とする

結果

50人の雇用・12万人の交流客の創出など（2015年12月開業～2016年3月末実績）

り上げられている田んぼアートも地方創生のひとつです。

色違いの稲を使って、田んぼに大きな絵を描く取り組みですよね。

これを行った青森県田舎館村では、2015年、田んぼアートの観覧者数が34万人、展墓料収入が6200万円に及びました。

そんな効果があったのですね！　田んぼアート以外にもいろいろと取り組みが行われていると思いますが、地方創生全体ではどのような動きがあるのでしょうか？

政府は地方創生のために、さまざまな財政的な支援や国家戦略特区の導入、人材の育成などに取り組んでいます。**2021年度当初予算では、地方創生関係予算の総額は1兆2356億円に上ります**。たしかに、個別の自治体は工夫や努力をしていますが、日本全体としての成果は乏しいのが現実です。たとえば、人口の東京一極集中は歴代の内閣がその是正に取り組んできましたが、地方創生の取組でも成功していません。

地方はがんばっていると思いますが、なぜ地方創生はうまくいかないのでしょうか？

地方振興の基本的な考え方が「国土の均衡ある発展」だからです。第二次世界大戦後の復興過程では、これは正しかったのですが、**急速に少子高齢化が進むなかで、すべての自治体を振興させることは不可能です**。「選択と集中」が求められるのですが、政治的には、それは難しいのです。予算も各自治体にほぼ平等に配られます。

財政のポイント

雇用の創造などを行う政策だが東京一極集中は是正できていない

国土の均衡ある発展　いずれかの地域間において、「過度の」集中などの偏在が原因で諸問題が発生することなく、程よく釣合いをとりながら、国が発展すること破たんする？まだいける？

ニッポンの財政

元財務官僚が本当のことわかりやすく教えます

2021年8月30日　発行

■監修解説　田中秀明
■イラスト　kabu（合同会社S-cait）

■編集・執筆　榎元彰信、金丸伸丈（株式会社ループスプロダクション）
■装丁　植竹 裕
■本文デザイン・DTP　竹崎真弓（株式会社ループスプロダクション）

発行人　佐藤 孔建
編集人　梅村 俊広
発行・発売　〒160-0008
東京都新宿区四谷三栄町12-4
竹田ビル3F　スタンダーズ株式会社
TEL：03-6380-6132
印刷所　中央精版印刷株式会社

●本書の内容についてのお問い合わせは、下記メールアドレスにて、書名、ページ数と箇所を明記の上でご連絡ください。ご質問の内容によってはお答えできないものや返答に時間がかかってしまうものもあります。予めご了承ください。
●お電話での質問、本書の内容を超えるご質問などには一切お答えできませんので、予めご了承ください。
●落丁本、乱丁本など不良品については、小社営業部（TEL：03-6380-6132）までお願いします。

e-mail：info@standards.co.jp
Printed in Japan

［監修解説プロフィール］

田中秀明

1983年東京工業大学工学部卒。1985年に同大学院修了、大蔵省（現財務省）入省。ロンドン・スクール・オブ・エコノミクス大学院修士、政策研究大学院大学博士。オーストラリア国立大学客員研究員、一橋大学経済研究所准教授、内閣府参事官などを経て、2012年より明治大学公共政策大学院教授。経済協力開発機構（OECD）、国際通貨基金（IMF）などのプロジェクトに参加した実務経験を活かし、現在も財政やガバナンスをテーマとした研究を行っている。

著書に『官僚たちの冬 霞が関復活の処方箋』（小学館）、『財政と民主主義』（日本経済新聞出版、共著）、『日本の財政』（中央公論新社）など。